# Поездка в соловецкий монастырь

## Сергей Максимов

# СОДЕРЖАНИЕ

# ПОЕЗДКА В СОЛОВЕЦКИЙ МОНАСТЫРЬ

Шумливо бежит в недальнее море порожистая, неширокая река Кемь, извиваясь прихотливыми коленами, обставленная высокими гранитными берегами; бойко бежит по ней и наш карбас, подгоняемый крутым, не на шутку расходившимся юго-западным ветром. Недавно оставленный нами город Кемь то закроется от нас ближней варакой, высокой крутизной каменного, бесплодного берега, то покажет, как бы для последнего свидания, часть деревянных домов дальней набережной, то Леп-остров с его деревянной церковью древней постройки. Наконец, он совсем пропадает из виду, когда уходят далеко вправо и влево берега реки, на этот раз какие-то низенькие, какие-то черные, мрачные с виду. Казалось, что вот сейчас же разольется перед нами громадная ширина Белого моря и начнут метаться, одна на другую, крупные, соленые, для непривычного страшные с виду, волны. Как будто нарочно для этого и правая крутизна ближнего мыса, затянувшись туманом, отошла далеко назад. Самый ветер надувал наши два паруса полнее и крепче; чайки выкрикали чаще и тоскливее; море ширилось все больше и больше и бросало в нас уже крепкосолеными брызгами. Мы находились в настоящем море и почти открытом, если бы не выступали направо и налево высокие, словно обточенные, скалистые и щелистые острова из группы Кузовов. Дальние краснеют тускло, как будто надрезанные, прохваченные снизу полосой воды, как дальнее облако, неподвижно врезанное в серый горизонт. Ближние из них ярко выясняются грязным, сероватым гранитом с прозеленью тщедушного сосняка, с прожелтью выжженной солнцем, выцветшей травы, ягеля (оленьего моха), листьев ягоды вороницы и морошки. Некоторые из этих островов не кажут ничего, кроме камня, темного цвета выбоин-щельев и потом опять камня серовато-красного и серовато-желтого. На одном из них прицепилась избушка-таможня.

— Это Попов-остров,— объясняет кормщик.— В избушке солдаты живут. К ним приставай всякий, кто с моря едет, и показывай им, не везешь ли чего из запретного: рому норвежского, чашек чайных, сукна, а либо чего из прочего. Да наши молодцы такие, что и за Кильяками (островами) встанут, не что возьмешь — далеко ведь... Туда досмотрщику несподручно ехать, хоть и карбаса есть у них, и багры, чтобы за чужой карбас ухватиться. Спасаемся же!..

— А вон, гляди, этот остров!— продолжал мой кормщик тогда, как выровнялась новая гранитная скала, несколько большая против других соседних.

— Ехали наши ребята на карбасе три человека: богомольцев везли к угодникам. С ними женок штук до пяти было — и все тут. А на ту пору у нас этот аглечкой-то[1] бродил да обиды всякие делал. Едут вот наши ребята — едут, едут наугад, авось-де со врагом с супостатом и не встретимся, и проедем, и святым угодникам молитву воздадим. Ладно — с тем, стало, и едут. Ан глядь-поглядь, из-за одной луды[2] в Кильяках словно бы дымок

---

[1] аглечкой — английские военные суда, участвовавшие в морской блокаде России во время Крымской войны 1853—1855 гг.
[2] луда — губа, мель.

показался. Стали всматриваться — дымок и есть. Наши ребята этак взяли в сторонку рулем и стали заходить правее за луду: там-де встанем, пережем на лютый час, пусть погуляют, проедут. Ружья у них и были, пожалуй, так, вишь, женского-то полу набралось — дери их горой! Ну вот — хорошо! Слушайте! Обогнули наши молодцы луду ту, пристали. На гору подниматься стали, поднялись — посмотрим, мол, далеко ли супостаты. А они тут и есть под горкой: кто в растяжку, кто стоя, трубочки покуривают, кто как... Насчитали наши ихнова народу, надо быть, сказывали, человек до тридцати. Как, слышь, увидали наших на горе — взболоболькали по-своему да как кинутся под гору назад — так, слышь, только пятки засверкали. А нашим-то и любо; стоят да глядят, что дальше будет. Бегут аглечкие к шлюпке — отчаливать тормошатся, весла хватают... Один оступился, в воду попал — что бык взревел! Так и удрали, так и удрали на свой пароход. Наши после них пистолет нашли, цыгаров, спичек хороших таких, ни одна не пропала, а горела, что тебе восковая свечка... Таково-то хорошо, ей-богу!..

Нам завязалось позетерье. Карбас, несколько накренившись на бок, бежал довольно спешно, бойко рассекая несильные, но частые волны. Мы продолжали ехать между островами, оканчивая то тридцативерстное пространство, которое занято ими, начиная от устья реки Кеми. Остальные тридцать верст (изо всех шестидесяти от города до монастыря) идут уже полым, по-здешнему, т. е. открытым, свободным от всяких островов морем.

Хорошо было сидеть мне в чистеньком таможенном карбасе, предложенном мне предупредительностью доброго кемского городничего. Род каюты, навес над кормою, сделанный наподобие кибитки, обит был зеленым сукном; тем же сукном обиты были и скамейки по сторонам. На полу подостлана была шкура белого медведя, мягкая, удобная для лежанья и сиденья. Навес не угрожал ударами по голове, как во всех других поморских карбасах, лаженных кое-как, только бы сошло дело с рук. Там сквозной ветр дует безнаказанно, там от дождя навесы не спасают, и всегда одолевает одуряющий запах трески, которою запасаются девки-гребцы. Здесь на этот раз ничего из подобного не было; даже и женщин-гребцов заменили на этот раз шесть мужиков, сильных на руки, бойких и острых на язык. Они подобрали весла и, по обычаю всех архангельских поморов, тотчас же принялись за еду. Несутся в мою будку отрывки их разговоров.

Один сообщает прочим, что он вот уже пятый раз в нынешний год ездит в монастырь и съездит, может быть, и еще четыре раза.

— Чего ж больно так разохотился?— спрашивает его другой гребец.— Али весело очень, в привычку вошел?

— И в привычку вошел, и усердие имею: я и в запрошедший год два раза был там, хоть и аглечкой бродил — небось не побоялся. Я ведь более по портному делу, на монастырских работников жилетки шью: любят очень. Поживешь на острову три дни положенных, жилеток до пяти и обработаешь. А деньги особь и за греблю, и за шитье получу; вдвое, стало быть, в барышах и бываю...

— Стало, тебе там и помолиться некогда?

— Какая уж тут тебе молитва? Известное дело!

Слышатся новые толки. Тот же портной сообщает товарищам,

что монастырь, выставляет бочку дегтю даровую для того, чтобы богомольцы могли смазывать свои сапоги.

— А велят ли сапоги-то мазать? — робко, сдержанным голосом спросила его кемская женка, упросившая нас взять ее с собой.

Портной посмотрел ей на ноги: баба была в сапогах.

— Да хоть голову мажьте, коли усердие есть! — отвечал он ей и набил трубочку, коротенькую, прожженную и окуренную до безобразия и постоянной воркотни.

Почуялся прогорклый, неприятный запах махорки. Портной высосал трубку в два приема и очумел, вытаращив глаза, которые на этот раз сделались какими-то оловянными и бессмысленными. Вероятно, в это время он испытывал неземное наслаждение, потому что улыбка, до того времени не сходившая с его лица, на этот раз сияла полнейшею, двойною радостию.

— Нечистый вас, братцы, ведает, как это вы в экой дряни смак находите, будь вам пусто! — послышался голос кормщика.

— Да ведь это кому как, Гервасей Стефеич. Иной, пожалуй, вон из одной-то чашки с тобой и пить не станет, а все свою носит. Так-то!

— Да ведь из головы блудницы зелье-то это поганое выросло, — заметил было кормщик грубо-сердитым тоном.

— Это, брат Гервасей Стефеич, по книгам ведь. А по мне, коли водки в кабаке выпить захочешь, в артельной чарке она завсегда слаще бывает. Я не брезглив: по мне, коли водку пить, так и из ошметка хорошее дело. Верь ты моему слову нелестному!..

Кормщик замолчал на убеждения соперника. Но не молчал этот:

— Ты это знай, Гервасей Стефеич, что табак бодрости придает: в нем сила... Ты посмотри — вон и его высокородие сигарочку закурил. Стало, это хорошо, вон оно што!..

Кормщик хранил уже после того упорное молчание. Остряк заглянул ко мне в будку:

— Ваше высокородие!

— Что хочешь сказать?

— Вот вы теперича изволите в обитель преподобных в первый раз ехать?

— Да.

— А знаете ли, какие там дивные дела случаются?

— Нет, не все знаю.

— На зиму, изволите видеть, месяцев на восемь острова Соловецкие совсем запирает: на них тогда ни входу, ни выезду не бывает во все это время. Сначала мутят море бури такие, что и смелый и умелый не суется. Попробовал архимандрит за почтой в Кемь послать — все потонули. С октября месяца у берегов припаи ледяные делаются. Так ли, братцы?

— Припаи верст на пять бывают от берега,— подтвердил кто-то.

— Бывают и больше. Вот на ту пору ветры морские, самые такие крепкие, зимние от припаев этих ледяных льдины, торосья такие отрывают и носят, что шальных, из стороны в сторону. Промеж льдин этих не протолкаешься: изотрут они утлый карбасенко в щепу.

— А Михей-то Назаров в четвертом году пробрался! — заметил кто-то.

— Ну, брат, ты мне про это не рассказывай! Про Михея Назарова закон не писан: он ведь блажной. Головушку-то свою где-где он не совал, он ведь, брат, зачурованный. Его и на том свете черти-то голыми руками не ухватят: такой уж!

Все засмеялись.

— Так вот я к тому речь свою веду, ваше высокородие, что монастырь на всю осень, на всю зиму, на всю весну заперт бывает; никаких таких сношений с ним нет. На ту пору они арестантов из казематов выпускают — которые гуляют по монастырю, которые в церковь заходят. В мае (рассказывают монахи), как начнет отходить земля, побегут с гор потоки — прилетает чайка одна сначала, передовая. Сядет она на соборную колокольню и кричит долго-предолго, шибко-прешибко; покричит часок, другой, третий — улетает. Дня через два — через три налетает этих чаек несосветимая сила, проходу от них нету, сами увидите! живут они на острову все лето, детей (чабарами зовут) тут же и выводят. Монахи и богомольцы их хлебом кормят, и чайки эти совсем ручными делаются, а ведь пугливая, дикая птица от рождения. Вот вам и первое диво!

Все гребцы при этих словах переглянулись. Портной продолжал:

— Осенью прилетают вороны, с чайками драку затевают. Идет у них тут кровопролитие большое, чаек много бывает побито. Чайки улетают с острова все до одной, остаются хозяевами вороны во всю зиму, а по ранней весне и они тоже улетают, тут драки не бывает. Так ведь вот диво-то какое!

Острова, между тем, стали заметно редеть; быстро уходили они один за другим назад. Крепкий ветер гнал нас все вперед скоро и сильно. Сильно накренившееся на бок судно отбивало боковые волны и разрезало передние смело и прямо. Выплывет остров и начнет мгновенно сокращаться, словно его кто тянет назад; выясняется и отходит взад другой — решительная груда огромных камней, набросанных в замечательном беспорядке один на другой, и сказывается глазам вслед за ним третий остров, покрытый мохом и ельником. На острове этом бродят олени, завезенные сюда с кемского берега, из города, на все лето. Олени эти теряют здесь свою шерсть, спасаются от оводов, которые мучат их в других местах до крайнего истощения сил. Здесь они, по словам гребцов, успевают одичать за все лето до такой степени, что трудно даются в руки. Ловят их тогда, загоняя в загороди и набрасывая петли на рога, которые успевают уже тогда нарости вновь, сбитые животными летом. Между оленями видны еще бараны, тоже кемские и тоже свезенные сюда с берега на лето.

Едем мы уже два часа с лишком. Прямо против нашего карбаса, на ясном, безоблачном небе, из моря выплывает светлое маленькое облачко, неясно очерченное и представляющее довольно странный, оригинальный вид. Облачко это, по мере дальнейшего выхода нашего из островов, превращалось уже в простое белое пятно и все-таки — по-прежнему вонзенное, словно прибитое к небу.

Гребцы перекрестились.

— Соловки видны! — был их ответ на мой спрос.

— Верст еще тридцать будет до них, — заметил один.

— Будет, беспременно будет, — отвечал другой.

— Часам к десяти вечера, надо быть, будем! (Мы выехали из Кеми в три часа пополудни.)

— А пожалуй, что и будем!..

— Как не быть, коли все такая погодка потянет. Берись-ка, братцы, за весла, скорей пойдет дело, скорее доедем.

Гребцы, видимо соскучившиеся бездельным сидением, охотно берутся за весла, хотя ветер, заметно стихая, все еще держится в парусах. Вода стоит самая кроткая, то есть находится в том своем состоянии, когда она отливом своим умела подладиться под попутный ветер. Острова продолжают сокращаться, судно продолжает качать и заметно сильнее по мере того, как мы приближаемся к двадцатипятиверстной салме,[3] отделяющей монастырь от последних островов из группы Кузовов. Наконец мы въезжаем и в эту салму. Ветер ходит сильнее; качка становится крепче и мешает писать, продолжать заметки. Несет нас вперед необыкновенно быстро. Монастырь выясняется сплошной белой массой. Гребцы бросают весла, чтобы не дразнить ветер. По-прежнему крутятся и отлетают прочь с пеной волны, уже не такие частые и мелкие, как те, которые сопровождали нас между Кузовами. Налево, далеко взад, остались в тумане Горелые острова. На голомяни, вдали

_______________________

[3] салма — прилив.

моря направо, белеют два паруса, принадлежащие, говорят, мурманским шнякам, везущим в Архангельск треску и палтусину первосолками...

Набежало облако и спрыснуло нас бойким, крупным дождем, заставившим меня спрятаться в будку. Дождь тотчас же перестал и побежал непроглядным туманом направо, затянул от наших глаз острова Заяцкие, принадлежащие к группе Соловецких.

— Там монастырские живут, церковь построена, при церкви монах живет, дряхлый, самый немощный: он и за скотом смотрит, он и с аглечкими спор имел, не давал им скотины. Там-то и козел тот живет, что не давался супостатам в руки...

Так объясняли мне гребцы.

По морю продолжает бродить взводень, который и раскачивает наше судно гораздо сильнее, чем прежде. Ветер стих; едем на веслах. Паруса болтаются то в одну сторону, то в другую, ветер как будто хочет установиться снова, но какой — неизвестно. Ждали его долго и не дождались никакого. Взводень мало-помалу укладывается, начинает меньше раскачивать карбас, рябит уже некрутыми и невысокими волнами. Волны эти по временам нет-нет, да и шибнут в борт нашего карбаса, перевалят его с одного боку на другой, и вдруг в правый боот как будто начало бросать камнями, крупными камнями; стук затеялся сильный. Гребцы крепче налегли на весла, волны прядали одна через другую в каком-то неопределенном, неестественном беспорядке. Море на значительное пространство вперед зарябило широкой полосой, сталась на нем словно рыбья чешуя, хотя впереди и кругом давно уже улеглась вода гладким зеркалом.

— Сувоем едем, на место такое угодили, где обе воды встретились: полая (прилив) с убылой (отливом). Ингодь так и осилить его не сумеешь, особо на крутых, а то и тонут, — объясняли мне гребцы, когда, наконец, прекратились эти метанья волн в килевые части карбаса. Мы выехали на гладкое море, на котором уже успел на то время улечься недавний сильный взводень.

Монастырь кажется всё яснее и яснее: отделилась колокольня от церквей, выделились башни от стены, видно еще что-то многое. Заяцкие острова направо яснеются также замечательно подробно. Мы продолжаем идти греблей. Монастырь всецело забелел между группою деревьев и представлял один из тех видов, которыми можно любоваться и залюбоваться. Вид его был хорош, насколько может быть хороша группа каменных зданий, и особенно в таком месте и после того, когда прежде глаз встречал только голые, бесплодные гранитные острова и повсюдное безлюдье и тишь. В общем, монастырь был очень похож на все другие монастыри русские. Разница была только в том, что стена его пестрела огромными камнями, неотесанными, беспорядочно вбитыми в стену словно нечеловеческими руками и силою. Пестрота эта картинностью и — если так можно выразиться — дикостью своею увлекла меня. Прихвалили монастырскую ограду и гребцы мои.

В половине десятого часа монастырь был верстах в двух, на которые обещали всего полчаса ходу. Ровно в десять часов мы уже идем Соловецкой губой между рядом гранитных корг[4] с несметным множеством деревянных крестов. Теми же крестами уставлены и все три берега, развернувшиеся по сторонам. В

---

[4] корга — каменистая отмель, обнажающаяся во время отлива.

губе стоят лодьи и мелкие суда; могут, говорят, подходить к самой монастырской пристани самые крупные суда — до того глубока губа!

У пристани толпится кучка народу, из нее выделяется фигура монаха в затрапезном платье. Монах оказался гостинщиком. Он ввел нас в номер, который не мог похвалиться ни особенною чистотою, ни особенным простором. Говорят, что привелось бы поселиться с пятью-шестью соседями в этой узенькой, маленькой комнате и что теперь я один здесь потому только, что богомольцев поотвалило, как объяснил мне монах-гостинщик, побежавший докладывать о новоприезжем отцу-архимандриту Александру.

Я остался один, и, бог весть, сколько темных, нерадостных мыслей пришло мне на ту пору в голову. Вот куда, думалось мне, на тот раз, забросила меня капризная, темная судьба, вопреки всех предположений и мечтаний. Это, казалось мне, грань крайняя: дальше идти было можно, но уже недалеко...

"Сию минуту (писалось мною в дневнике) ушел от меня какой-то допотопный варвар, инвалидный офицер в пьяном виде, сменивший своего предместника, который, по его словам, завтра должен был сесть на карбас и ехать в Архангельск. Много говорил он мне всякого вздору: говорил, что если он архангельский, а я костромской, то мы земляки, что солдат солдату брат, офицер офицеру тоже. Чудак принял меня за ревизора и никак не хотел верить, что я прислан от морского министерства, а не от министерства государственных имуществ, и что приехал я не землю межевать... Хорош бы этакой-то гусь явился к настоящему ревизору. И пришла же блажь для первого знакомства с монахами нализаться до сплетения языка и немощи... И вот — темная, дальняя, скучная, бесталанная сторона и безвыходная уездная жизнь: вся из однообразия, грязи, плесени и неизлечимых наростов, получивших каменистое свойство и характер гнилого чирья, переставшего уже ныть и болеть. Сердце мучится сомнением, неведением будущего, и не смеешь смеяться, и больно и стыдно за виноватого, пойманного с поличным".

— Господи Иисусе Христе, боже наш, помилуй нас! — послышался за дверью чей-то тихий припев, произнесенный тончайшим фальцетом с прибавлением ударов в дверь.

— Аминь! — отвечал я.

Явился молодой, кудрявый, сытый послушник:

— Отец-архимандрит прислали вам свое благословение: сливок, булку, чухонского масла — и просили извинить, что не могут вас видеть сегодня — они уже в постели...

Крепко заснул и я на новом месте, но рано проснулся: монастырские часы монотонно отбивают минуты. Чайки разнокалиберно, разноголосно кричат во всех углах ограды, на нашей гостинице, на берегу, на воде. Некоторые из них летают мимо окон — и длинноносые, и с утиными носами, и серые, и белые — бездна! Криком своим надоедают невыносимо!.. Прямо перед моими глазами хмуро глядит своими выломанными окнами, с выбитыми стеклами, другая гостиница архангельская, такая же деревянная, обшитая тесом, покрашенным желтою же краской. Разница в том, что та гостиница уже необитаема, тес ее по местам ободран, углы поломаны, крыша разбита. Говорят, ее заменят новою, потому что она решительно негодна для обитания и потому что на нее-то преимущественно и устремлены были выстрелы англичан во время последнего бомбардирования. Архимандрит оставил ее в том виде для того, чтобы богомольцы, приходившие в этот год в огромном числе, могли видеть следы недавнего неприятельского погрома.

По прибрежью бродят лошади с колокольчиками на шее; ходят инвалидные солдаты; на причалившей лодье шевелится люд православный; из-за ограды белеются монастырские церкви и несется звонкий благовест, отдающийся долгим эхом. Правее архангельской гостиницы зеленеет осиновый лес, левее — березки, и видятся низенькие белые столбики второй ограды. Дальше сверкает неоглядною, бесконечною гладью море. Чайки продолжают кричать по-прежнему невыносимо тоскливо, у пристани белеет парусок — монахи ловят сельдей на сегодняшнюю трапезу. Солнышко весело светит и разливает приятную, увлекающую теплоту.

Я вышел из номера и пошел бродить подле ограды.

Тут, на прибрежье губы, выстроены две часовни: одна Петровская, на память двукратного посещения монастыря Петром Великим, другая Константиновская, на память посещения монастыря великим князем Константином Николаевичем. Вблизи их стоит гранитный обелиск на память и с подробным описанием бомбардирования монастыря англичанами.

В первый раз был здесь Великий Петр в 1694 году 7 июня. Прибыл он сюда в нарочно устроенной для него в Англии яхте с немногими приближенными особами, с холмогорским архиепископом Афанасием, недавно только спасшийся в Унских рогах от кораблекрушения. Выйдя на берег, государь тогда же приказал водрузить крест деревянный, который и находится теперь в Петровской часовне. Три дня пробыл он здесь: "В сем удаленном от мира пустынном месте младый самодержец России упражнялся в молитве и богомыслии, а потом, по отправлении молебного пения и по одарении настоятеля со всем братством денежною милостынею, того же июня 10-го дня изволил отбыть обратно к городу Архангельскому, с милостивым обещанием всегда покровительствовать святой обители",— говорит архимандрит Досифей в своем описании Соловецкого монастыря, Второе посещение монастыря Петром I, по свидетельству соловецкого летописца, последовало в 1702 году августа 20 дня. "Он прибыл,— говорит летописец,— на 13 кораблях и стал на якорях близ Заяцкого Острова, и была пальба из пушек, а прежде себя его царское величество изволил прислать наперед, чтобы великого государя пришествие архимандрит с братиею ожидал в монастыре, а в судах встречать не ездил. И великий государь с корабля с ближними своими людьми, не со многими изволил прибыть в боте в монастырь за полчаса до вечера и, вышед его царское величество на берег, помолился против монастыря и принял от архимандрита благословение; келарь же не со многою братиею подошли с подносом с образом, хлебом и рыбою, и великий государь благодарил и изволил сказать: "Будем у вас", а прочая братия все стояли по чину, вышед мало из святых ворот. Благочестивый же государь не подошел ко вратам, изволил идти кругом ограды монастырский на правую сторону и, обшедши, вошел святыми воротами в монастырь и изволил идти в соборную церковь — благовесту и звону не было — и в соборной церкви помолился и изволил идти в церковь к преподобным чудотворцам и тамо у гробов преподобным прикладывался, потом изволил идти в ризницу, в оружейную, в трапезу и говорил архимандриту, что "завтра кушать буду со всеми своими пришедшими начальными людьми в трапезе". Литургию слушал у преподобных чудотворцев, еже есть во вторник, потом пожаловал он, великий государь, к архимандриту в келию и благоволил в тот вечер, еже есть августа в десятый день, в понедельник, у архимандрита кушать. И откушавши, великий государь изволил отъехать, часу в шестом ночи, на корабль, а вышеписанные бояре и ближние люди ночевали в гостиной келии. Августа 11-го дня благоволил великий государь прийти слушать литургию без благовесту и звону. После соборныя службы братия отъели в трапезе, а он, великий государь, изволил войти в монастырь без встречи и с благородным царевичем и великим князем Алексеем Петровичем, и весь его царский синклит; служил иеромонах с иеродиаконом; пели великого государя певчие по скору, по литургии слушал молебен, отпущал один священник со диаконом и благоволил на молебен дачу пожаловать и, отслушав молебен ради благородного царевича, опять изволил ходить в ризницу, и в оружейную, и в прочия службы, и благоволил великий государь в трапезе кушать, и благородный царевич, и при нем ближние люди и начальные, а кушанье приспевало все монастырское и питие, а потчевал архимандрит, келарь и казначей и от братии первые. Он, великий государь, и благородный царевич сидели купно с бояры и с ближними людьми и, откушав, благоволил по монастырю ходить, по тюрьмам, и благоволил быть у архимандрита в келье до отдачи часов и отбыл его царское величество и с благородным царевичем на корабль ночевать". 12 августа Петр Великий был в монастыре уже без царевича, осматривал с ближними Вараку (гору) и поздно уехал на корабль. 13 с корабля не съезжал. 14 августа он опять приехал в монастырь, слушал всенощную и сам стоял с певчими на правом клиросе и пел басом. После рассматривал он грамоты, жалованные монастырю; архимандриту Фирсу повелел носить мантию со скрижалями, посох с яблоками и совершать все по чину Чудова монастыря. За литургией архимандрит служил уже так, как указал государь. Там же Петр снова стоял и пел на клиросе; "и по *святой литургии* (прибавляет летописец) *изволил идти в гостиную келью, там кушал с благоверным царевичем. Приспешники были дворцовые. Откушав, изволил быть в монастыре и посетить старца Лаврентия Александровна: понеже он из кельи не выходил никуда, ниже в церковь, разве причащения ради".* 15 августа государь, на малых судах, отбыл на корабли, а 16-го наутре отправился в поход. Вечером он был уже в селении Нюхче кемского берега, откуда шла недавно сделанная по его повелению деревянная дорога на Повенец. Архимандрит с келарем и некоторыми монахами ездил на корабли благодарить государя за посещение. Петр Великий "довольно их потчевал" и велел отпустить в монастырь из Архангельска двести пудов пороху. "Архимандрит,— прибавляет летописец,— возвратясь в монастырь, прямо пошел в церковь, пел молебен с благовестом и звоном за здравне государя и его спутников; от радости был архимандрит на погребе со всею братиею и довольно трахтовались, благодаря господа бога за таковое благополучие".

Прямо против монастырских ворот находилась третья часовня, называемая Просфоро-Чудовою.

— На этом месте,— объясняли мне монахи,— новгородские

купцы обронили просфору, которую дал им праведный отец наш Зосима. Пробегала мимо собака, хотела есть, но огонь, исшедши из просфоры, попалил ее.

В версте от монастыря четвертая часовня, Таборская, построена на том месте, где погребены умершие и убитые из московского войска, осаждавшего монастырь с 1667 года по 1677 год.[5]

Поводом к восстанию соловецких старцев, как известно, послужило исправление патриархом Никоном церковных книг. В 1656 году вновь исправленные книги присланы были в монастырь Соловецкий. Старцы, зная уже о московских бунтах и распрях, а равно и о том, что сам исправитель (некогда монах соловецкий) находится под царским гневом, присланных из Москвы книг не смотрели, а, запечатав их в сундуки, поставили в оружейной палате. Церковные службы отправлялись по старым книгам. В 1661 году из Москвы прислано было множество священников для обращения старцев к раскаянию. Московское правительство думало делать благо, но сделало ошибку. Все грозило близкою опасностью и восстанием, дела монастырские принимали воинственное настроение. К старцам присоединились беглые донские казаки из шайки Стеньки Разина. Двое из них, Кожевников и Сарафанов, назначены были, на случай опасности, начальниками. На Никона сочинялись разные наветы; возрастала всеобщая ненависть. Рассказывали за верное, что когда Никон, бывши еще иноком, однажды читал евангелие во время литургии в Анзерском монастырском ските, то змей пестрый обвился около шеи его и

---

[5] московского войска, осаждавшего монастырь... — даты, указываемые Максимовым, не соответствуют данным, приводимым современными историками. По сведениям БСЭ (т. 24 (I), стб. 454), осада монастыря длилась с июня 1662 по январь 1676 года

лежал по плечам. Видел это своими очами святой старец Елеазарий. Старцы перестали повиноваться архимандриту Варфоломею и в конце седьмого года, по присылке книг из Москвы, рассмотрели их и написали, в опровержение новин, большую челобитную к царю Алексею Михайловичу. Келарь Савватий Абрютин (из московских дворян) с казначеем Геронтием сочинили эту челобитную; старец Кирилл, с двумя послушниками, вручил ее царю на Москве. В сентябре 1666 года Алексей Михайлович потребовал к себе архимандрита и еще другого, жившего там на покое архимандрита Никанора, бывшего царского духовника. Из Москвы с ними отпущен был новопоставленный архимандрит соловецкий Иосиф — затем, чтобы кротостию увещать непокорных. Соловецкие старцы не впустили архимандритов, кроме Никанора, который присоединился потом к расколу. Вместо первых двух, в 1667 году явились новые увещатели, но старцев и эти не убедили. В следующем году пришла царская грамота, повелевавшая старцам "от противности недоумения и от непослушания отстать" и быть у архимандрита в послушании. Но соловецкие монахи и этой грамоты не приняли. Явился в монастырь стольник Хитрово с обращенным к православию келарем Савватием Абрютиным; монастырские и тогда не послушались. Сведав о том, что из Москвы идет в Суму с ратными людьми стряпчий Волохов, к которому должна была еще присоединиться на Двине стрелецкая сотня, старцы собрали собор. Советом этим положено было отослать на поморский берег всех немощных и малодушных, а всем остальным (1670 человек) обороняться до последней капли крови. Монастырь запер ворота 7 марта 1669 года и заявил вооруженное сопротивление. К этому представлялась полная надежда, потому особенно, что монастырь издавна делал огромные запасы съестной провизии и была возможность иметь сношения с ближними монастырскими вотчинами. В монастыре, сверх того, находилось, кроме мелкого ружья, 24 медные пушки, 22 пушки железные, 12 пищалей и, сверх того, свыше 30 000 рублей серебром и медью. Стена была неприступна, твердыня ее неодолима. Все предвещало успех и надежду до такой степени сильную, что и вторая царская грамота была отвергнута. Мирное предложение Волохова сдаться без боя было осмеяно; боевые нападения не имели успеха, и не могли иметь его потому особенно, что Волохов три летних месяца стоял или, лучше, смотрел на монастырские стены, а всю зиму жил под монастырем в бездействии на Заяцком острове. У него было 725 стрельцов против затворившихся в обители 500 человек монахов и бельцев.[6] Только в 1670 году удалось ему захватить главного начальника осажденных, чернеца-будильника Азария, с 37 человеками, выехавших из гавани в море ловить рыбу. В том же году 30 человек вышли из монастыря добровольно, но дело нисколько не подвинулось вперед.

Стряпчий Волохов вызван в Москву. Его место занял голова московских стрельцов Клим Иевлев, явившийся сюда с тысячью человек свежего войска. Этот повел дела если не успешнее, то умнее Волохова: он перевел свои войска на самый остров, отогнал весь рабочий скот, захватил все рыболовные снасти, сжег все строения, находившиеся вне монастырских стен, прекратил всяческие сношения монастыря с его вотчинами, особенно с селом Керетью. В 1674 году царь отозвал и его в Москву за притеснения и насилия, которыми он отягощал

______

[6] белец — послушник, живущий в монастыре, но не принявший пострига в монахи.

монастырских крестьян; к тому же, как пишут, его постигла цинга. От нее же, как равно от пушечной и мушкетной стрельбы, в самом монастыре погибло 33 человека. Место Иевлева заступил стольник и воевода Иван Мещеринов. Этот, подступив под монастырь, окопался шанцами, построил 13 городков (батарей) и начал делать подкопы. Осажденные принуждены были производить частые вылазки и всегда успешно: подкопы уничтожались при самом начале. Мещеринов делал приступ, но приступ (23 декабря 1676 г.) не был счастлив. Воевода решился блокировать монастырь во всю зиму, как вдруг представился легкий, неожиданный случай сделать дело скорее и легче. К воеводе представлен был перебежчик монах Феоктист, объявивший, что под одною из башен (Белою) находится подземный проход, ведущий из монастыря к кладбищенской церкви, что этот проход закрыт ветхою калиткою и что перед утреннею зарею ночная стража сменяется и идет по кельям, а в башнях для караула остается только по одному человеку. Ненастная, бурная погода, случившаяся на 22 января, указала на время приступа. Майор Келен, с отрядом и проводником Феоктистом, прошел в отверстие, указанное перебежчиком, отворил святые ворота и впустил через них воеводу с остальным войском. Осажденным, застигнутым врасплох, уже не было никакого спасения и не дано никакой пощады — по свидетельству Семена Денисова, который (в своем Выгорецком ските) написал "Историю о запоре и о взятии Соловецкого монастыря" {В Архангельском Поморье, можно сказать, нет ни одного селения, где бы нельзя было встретить рукописных списков этого замечательного сочинения, известного более под заглавием "История о отцех и страдальцах соловецких". Еще большим уважением и известностью пользуется "Соловецкая челобитная", сделавшаяся основным догматическим сочинением, опорою во всех спорах староверов и вызвавшая со стороны православных целые сочинения в ее опровержение. (Примеч. С. В. Максимова.)}. Он говорит, между прочим, следующее: "Мужи же мужественнии, из них Стефан и Антоний, с прочими тридесяти, изшедши ко вратам на сретение и мужественно за отеческие законы во вратех святых бравшеся, вси смертную чашу испиша, от воинов посечени быша. Отцы Киновии[7] и прочии слуги и трудницы, услышавше, паче же узревше нечаянную, новосодеившуюся плачевную вещь, разбегошася во своя келии и затворишася. Еже услыша воевода не сме долго во обитель внити и посылаша начальники воинов молити и увещевати иноки, да ничтоже бояшеся, изыдут из келий, никоего же им озлобления сотворити обещайся и клятвою крепкою свое завещание печатствова. Отцы же, веру емше, изыдоша на сретение с честными кресты и со святыми иконами. Сей же, забыв обещание, преступи и клятву, повеле воинам иконы и кресты отъяти, иноки же и бельцы за караул по келиям развести".

Далее Семен Денисов пишет, что воевода, возвратившись в стан свой, приказал привести к себе сотника Самуила и бить его перед собственными глазами (Самуил ударов пястицами не выдержал и тотчас же умер). Потом приказал позвать архимандрита Никанора.

Этот привезен был на небольших саночках по той причине, что был уже стар и в то же время сильно боле/: ногами. Воевода говорил ему:

— Рцы ми, Никаноре: чесо ради противился еси государю?

---

[7] Киновия — общежительный монастырь.

— Самодержавному государю ниже противляхомся, ниже противлятися помышляхом когда,— отвечал Никакор,— зане научихомся от отец к царем чествование паче всего являти. Научихомся от самого Христа воздавати кесареви кесарево и божия богови.

— Чесо ради, обещався увещати прочия к покорению, не токмо преступил обещание, но и сам с ними на сопротивление цареви совещался еси? — снова спрашивал Никанора воевода.

— Понеже,— отвечал старец,— божиих неизменных законов апостольских и отеческих преданий, посреде вселенныя живущим соблюдати не попущают нововнесенные уставы и новинства патриарха Никона: сих ради удалихомся мира, избегохом вселенныи и в морский оток, в стяжание преподобных чудотворцев, вселихомся преподобными их чины и уставы и обычаи тем же благочестием по стопам их руководитися желающе.

— Чесо ради воинства во обитель не пускаете и хотящие внити оружием отбиваете?

— Вас, иже растлити древлецерковные уставы, обругати священных отец труды, сокрушити богоспасительные обычаи пришедших во обитель праведно не пущахом.

На всякий спрос старец давал ответ решительным, твердым голосом. Разгневанный воевода начал его бранить, но старец не потерялся и тут.

— Что величаешися,— говорил он,— и что высишися? Яко не боюся тебе, ибо и самодержца душу в руце своей имею...

При этих словах воевода вскочил с места и бил старца тростью по голове, плечам и по спине, выбил ему зубы, приказал связать по ногам и бросить за оградой в ров. В одной рубашке пролежал Никагор всю ночь, а наутро умер.

По словам Денисова, казнены были потом: старец Макарий, резчик Хрисанф, живописец Федор с учеником его Андреем.

"Тако,— продолжает он далее,— повел прочия из караула привести иноки, числом яко до шестидесяти, и различно испытав и обрете их тверды и непревратны, зельною яростию воскипев, смерти и казни различны уготовав, повесити сия завещав: овыя за выи, овыя за нозе, овыя и множайшия междоребрия острым железом прорезавше и крюком продевше, на нем обесити каждого на своем крюке; иные же от отец зверосердечный мучитель на нозе вервию оцепивши, к конным хвостам привязывати повеле и безмилостивно влачили по отоку, дондеже души испустят".

Выкинутые тела лежали на морском берегу до времени таяния льдов, когда они были погребены на соседней луде, называемой Женской. Из оставшихся в живых большая часть разослана была по дальним местам беломорских прибрежьев. Некоторые, более озлобленные, отправлены в дальние города государства на заточение. Иные успели самовольно убежать из монастыря и скрыться. Все те, которые покорились, прощены и оставлены жить в Соловках. Имена упорных, в числе 33, записаны в раскольничьи синодики и поминаются как страдальцы за веру и мученики. Важно было разъяснить и доказать, что в защиту старого благочестия восстала святейшая в России обитель; в убеждении, что мятеж Соловецкий, одно из крупнейших событий в истории раскола, произвел сам по себе сильное влияние на обольщение простых умов в пользу раскола. Несколько избранных произведены даже в святые. Увлекшийся, но бесспорно даровитый историк Денисов в своей "Истории" сообщил об них краткие жития и обычные велеречивые восхваления их подвигов — обстоятельство существенно важное вообще для истории распространения раскола. Эти бежавшие из монастыря скитальцы (в числе десяти) были собственно пропагандистами, с большим или меньшим успехом укреплявшими в народе веру в старую книгу и старый обычай. Соловецкое сиденье с надлежащими последствиями сделало их озлобленными, уверенными в себе и помогло их очень быстрым успехам. Денисов, упомянув о "многострадальных" Епифании, дивном отце Савватии и Игнатии, дьяконе соловецком, указывает проповедников в лице Иосифа Сухого, положившего основу раскола в Суме и Каргопольских пределах, Евфимия Дивного, бросившего первые семена учения в Олонецком уезде, Павла, Серапиона и Логина — в Ковдинской волости и Геннадия Качалова — в Нижнем Новгороде, Тихвине и проч. "И не токмо пустыни (пишет Денисов), и дебри и блата, но и окрест прилежащие грады и веси благочестия светом научивше и просветивше, сторичен плод ко Владыце принесоша". Для пущего успеха дела два фанатика из них (Игнатий и Герман) прибегли к самосожжению.

Весть о покорении монастыря уже не нашла царя Алексея в живых. Мещеринов царем Феодором вытребован был в Москву и здесь судим за расхищение монастырской казны и сокровищ. Монастырь вновь населялся приходившими и присланными монахами из дальних монастырей, но порядку в нем еще долго не было. "Отсюду,— говорит Семен Денисов далее,— в Киновии умножишася мятежи и бесчиния: умножишася по келиям особъядения, варения и пирогощения; умножишася винопития и пианства и рождающия пианство питий содержание; оставляют яже на пениих молитвословия — исполняют кликов бесчиния, яже учащение празднословия, срамословия и лаяний неподобных изношения, яже табаки держания и табакопития и прочие неблаголенные обычаи и деяния".

Показания эти подтверждают и царские грамоты: Феодор Иоаннович (в 1591 г.) воспретил медовый квас; Михаил Феодорович запрещал (в 1621 г.) употребление пьянственного пития и обыкновение жить по кельям особенно, заговором, как сказано в грамоте. Алексей Михайлович в 1637 году давал указ о том же, и, уже вследствие прошения игумена Ильи, он же вновь подтвердил указ Михаила Феодоровича о том, чтобы младые, безбрадые трудники в летнее время жили отдельно вне монастыря, а на зимнее время отправляемы были на берег в Сумский острог или Кемь, "или где пригоже, а в монастыре б им зимовать не велели".

Осматривая настоящее состояние монастыря и вникая во все подробности его внутреннего и внешнего устройства, почти на каждом шагу встречаем имя св. митрополита Филиппа, бывшего здесь с 1548 года по 1566 год игуменом. В эти осьмнадцать лет он успел сделать многое, что до сих еще пор имеет всю силу материального своего значения. Поставленный в исключительное положение, любимец грозного царя, щедрого на подарки и милостыню, сам сын богатого отца из старинного боярского рода Колычевых, св. Филипп не стеснял себя в материальных средствах для того, чтобы удовлетворять всем своим стремлениям и помыслам. Он исключительно посвятил деятельность на то, чтобы остров Соловецкий, до того времени сильно запущенный, сделать возможно удобным для обитания: прорыл канавы, вычистил сенокосные луга и увеличил их в числе, провел через леса, горы и болота дороги, устроил для больной братии больницу, учредил по возможности лучшую и здоровую пищу, внутри монастыря, подле сушила, устроил каменную водяную мельницу и для нее провел воду из 52 дальних озер главного Соловецкого острова, в братской и общей кухне устроил колодезь, в который проведена из Святого озера вода через подземную трубу под крепостною стеною. Помпа колодезя этого зимою подогревается нарочно устроенною печью. Другая печь приготовляет теперь в один раз до 200 хлебов. При многолюдстве богомольцев в печь эту ставят две квашни в день, хлеб день отлеживается, на другой день поедается весь. Остатки едят рабочие, остатки же этих остатков превращаются в сухари. Прежде было обыкновение давать каждому богомольцу но широкому ломтю на дорогу, теперь это, говорят, вывелось из употребления. В квасной запасается 50 бочек по 200 ведер каждая.

Сверх всего этого, св. Филипп умножил домашний рогатый скот и на островах Муксалмах выстроил для него особый коровий двор. Он же развел на острове лапландских оленей, которые живут там и до настоящего времени; выстроил просторные соборные церкви и огромную трапезу, вмещающую сверх тысячи человек гостей и братии. Близ монастыря сделал насыпи и разные машины к облегчению трудов работников, построил кирпичные заводы, заменил старинные чугунные плиты — клепала, била — колоколами, правителям поморских волостей, тиунам,[8] слугам и доводчикам[9] назначил жалованье, и пр., и пр.

Монастырь и в настоящее время находится в таком состоянии, что не нуждается во многом; только пшеница, вино, рожь и некоторое количество соли для монастыря покупное, а все почти остальное он имеет свое. При легком даже взгляде, монастырь поражает необъятным богатством. Не заглядывая в сундуки его, которые, говорят, ломятся от избытка серебра, золота, жемчугов и других драгоценностей, легко видишь, что сверх годичного расхода на братию у него остается еще огромный залишек, который пускается в рост на проценты. При мне высыпали из кружек богомольческих подаяний, скопившихся в полтора почти месяца, до 25 000 рублей ассигнациями, но что нынешний год, говорили, один из неурожайных, затем, что первый мирный;[10] в урожайные годы вынимают до 95 000. Эту цифру монахи считают среднею величиною. Сверх всего того, каждый богомолец покупает просфору, платит за чернила, которыми пишутся имена родных на исподке просфоры, платит за писанье, если только он сам не умеет грамоте. Годовые богомольцы платят деньги. Лубочные виды монастыря стоят 25 копеек, вместо 5 копеек назначенных; маленький кипарисный образ стоит 75 копеек; за стихи, описывающие бомбардирование англичан убийственными виршами и переписанные довольно четко на листе, просили с меня 1 рубль 50 копеек. Товары в лавочке для богомольцев, со скудным количеством предметов, дороги

---

[8] тиун — приказчик, управляющий.
[9] доводчик — доносчик.
[10] первый мирный — первый год после окончания Крымской войны.

неприступно: палочка плохого сургуча стоит 20 копеек (в монастыре почтовое отделение). Спутник мой на Анзеры (в скит) желал записать в синодик на поминовенье своих родных. Монах, сидевший с пером, объявил, что они берут 30 копеек за годичное поминовение и 1 рубль 50 копеек — на вечные времена. Спутник мой решился на первое; писал долго и много; при расчете должен заплатить 6 рублей; оказалось, что 30 копеек берется с каждого вписанного имени, в чем монах, однако, не предупредил заказчика, бесповоротно испачкав шнуровую книгу с ясным указанием имен.

— Хорошо еще, что я призабыл многих, а то нахватал бы сотню, жутко бы тогда пришлось!— простодушно заметил мой спутник.

Торговля производится всюду, чуть ли не во всех монастырских углах: на паперти Анзерского скита продают лубочный вид этого скита, на Анзерской горе Голгофе (в скиту же) продают вид Голгофского скита, и везде кое-какие книги, и везде стихи монаха. Можно купить сапоги из нерпичьей кожи, можно купить и широкий монашеский пояс из той же кожи, довольно хорошо выделанной в самом монастыре. В самом же монастыре пишутся и иконы, шьется платье не только на монахов, но и на штатных служителей, обязанных черными и более трудными работами. Большая половина рабочих живет по обету. Обеты дают они при случае опасностей, которыми так богато негостеприимное Белое море. Тюлений промысел, называемый выволочным, соблазнительный по богатству добычи, опасный по отправлению, губит много людей. Зверя бьют на дальних льдинах; льдины эти часто отрываются ветрами и выволакиваются в море вместе с промышленниками. Счастливые из них прибиваются к острову Сосновцу или к

Терскому берегу. Они-то и дают, в благодарность за спасение, обет бесплатно работать на монастырь три-пять лет. Большая часть уносится в океан на неизбежную гибель.

В монастыре вылавливается морской зверь, вытапливается его сало, выделывается его шкура. Есть невода для белуг,[11] есть сети для нерпы и бельков. В монастырскую губу приходит в несметном числе лучший сорт беломорских сельдей, небольших, нежных мясом, жирных. Только крайне плохой засол, какая-то запущенность этого дела мешают пускать их в продажу. Выловленные сельди летом уходят на братскую уху, выловленные осенью частию потребляются, частию идут впрок на зиму. Полотно для нижнего монашеского белья не покупное: оно сносится богомольными женщинами с разных концов огромной России; они же приносят и нитки. Коровы для молока, творогу и масла в монастыре свои; бараны, живущие на Заяцком острову, дают шерсть для зимних монашеских тулупов и мясо для трапезы штатных монастырских служителей в скоромные[12] дни. Лошадей монастырь имеет также своих. Между монахами и штатными служителями есть представители всякого рода мастерств: серебряники, слесари, медники, оловянишники, портные, сапожники, резчики. Все другие мастерства, не требующие особенных познаний, разделены на послушания; таковы: рыбаки, продавцы, пекаря, мельники, маляры.

В этом отношении монастырь представляет целое отдельное общество, независимое, сильное средствами и притом

---

[11] белуга — правильно белуха, род тюленя.

[12] скоромные дни — дни, когда разрешается употребление в пищу продуктов животного происхождения (мясо, молоко, яйца и т. п.).

значительно многолюдное. Ежегодные обильные вклады и правильное хозяйство обещают монастырю впереди несчетные годы.

На третий день моего приезда в монастырь я был разбужен поутру громкими криками, раздавшимися под окнами нашей гостиницы и по коридорам ее.

— Что там такое?— спрашиваю я гостинщика.

— Гонят женок-богомолок сельдей чистить. Сейчас приплыл карбас с свежей рыбой. Ужо на уху она пойдет,— объяснял он.

— А уготовляли ли вы себе цельбоносное купание во Святом озере вчера?— спросил он меня потом.

Я отвечал отрицательно.

— Все богомольцы немедля по прибытии совершают сей обряд во душевное спасение и телесное здравие. От многих недугов полезна вода. И сколь она холодна и благотворна, то такой уже, говорят, и не обретается в иных местах, кроме честныя обители сея.

— Что же это, батюшка, обязательно для всех?

— Неволи не полагается, но всяк творит по мере сил. Немотствующие не купаются. У нас по монастырским обычаям все богомольцы, искупавшись во Святом озере, идут ко гробу преподобных отец Зосимы и Савватия и ходатайствуют у них об умилостивлении Творца Всевышнего. Затем всякий полагает отправиться воздать молитву при гробе преподобного Елеазара в скиту, сооруженном им на острову Анзерском, и оттуда идут на гору Голгофу, где поминают молитвою предшедших отцов и братию в панихиде при гробе преподобного отца Иисуса Голгофского. Засим, на третий день, посещаются все часовни, места коих освятили своими стопами угодники божии: одну в трех верстах от обители, близ Исакиевой горы, где первоначально поселились преподобные Зосима и Герман, и все семь пустынь.

При последних словах его раздался звон в малый колокол.

— Это что такое?

— Кончилась литургия, к трапезе звонят, пожалуйте! В сей день полагаются скоромные кушанья.

Я отправился. Огромная трапеза была полна народу; монахи пели. Между богомольцами не видать было женщин: все они, по монастырскому обычаю, угощаются в особой зале, так называемой келарской. Раздалось чтение житий святых того дня, производимое с особого амвона чередным монахом. При перемене кушаньев, при звоне колокольчика, читалась с амвона и прислуживающими послушниками молитва "Господи, Иисусе Христе, боже наш, помилуй нас". Трапезующие должны были отвечать "аминь". Всем возбранялись разговоры, все обязаны были есть из общей чашки; у всех были деревянные ложки с вырезною благословляющею рукою. Мне попалась ложка с надписанием:

*На трапезе благословенной*
*Кушать братии почтенной.*

У соседа моего на ложке было написано просто: "Во здравие братии". Вся посуда была оловянная. Кушанье солить или обливать уксусом обязаны были послушники. На этот раз вся трапеза состояла из четырех блюд: холодное — соленые сельди с луком, перцем и уксусом; треска со сметаной и квасом; уха, удивительно вкусная, из сегодня выловленных сельдей; и каша гречневая с коровьим маслом и кислым молоком. В конце трапезы разносились кусочки просфоры, или богородичного хлеба, освященного в конце пением и разрезанного при том же пении и тогда же. Певчие пели потом молитвы и отпуск, и затем все расходились.

Несметное множество чаек усыпало весь двор монастырский: кажется, на это время слетелись они со всего острова и его берегов. Монахи и многие богомольцы бросали им куски хлеба. Чайки до того были безбоязненны, что хватали хлеб этот из рук; многие клевали проходящих за ноги, за полы платья. Крик был невыносимый, и все это, взятое вместе, представляло странную, хотя и своеобразную картину. Некоторые из монахов пошли удить рыбу на озерах, другие — смотреть на море, где в это время разыгрывались знакомые, обыденные сцены: вот чайка учит своего чабара летать, чабар старается делать то же, что и мать: машет крыльями, бежит скоро вперед, но спотыкается, ударяется утиным своим носом в землю, прискакивает, но в воздухе держится недолго: собственная тяжесть не пускает его от земли дальше четверти аршина. За другим чабаром следит мать и смотрит, как он влез в воду и окунывается, хлопая по воде крыльями и обмачивая голову; чабар на воде держится легко. Дальше все прежнее: мальчишки-работники, безбрадые трудники, по словам гостинщика, бродят без дела по берегу, одетые в монастырские подрясники с широкими кожаными поясами и в плисовых круглых колпаках на голове. Мальчишки шалят. Взрослые штатные служители важно толкуют с богомольцами; часы выколачивают половину; чайки кричат, и гул их отдается эхом в стенах монастырских. Кто-то запел: "Воскресение Христово видевше..."

Вернувшись в свой номер, я попросил лошадей, чтобы ехать на Анзерский остров. Потребовали три рубля — и мы отправились. Дорога пошла по Соловецкому острову гладким, исправленным полотном. По сторонам ее потянулся лес со всею обычною обстановкою, невычиненный, со множеством неприбранного валежника. Во многих местах лес этот отдавал решительною дичью. Все в нем напоминало леса наших приволжских губерний: те же высокие деревья, словно и не полярные, не архангельские, та же спутанность сортов и видов их: тут и березовая полоса, перепутанная с ивняком, тут и сосняк с кустами густого цепкого волжского можжевельника. Сосняк перепутан с ельником, даже кое-где между ними проглянула лиственница. Между деревьями, по кочкам, иногда мшистым, иногда обтянутым травою, рассыпались кусты ягод вороницы и морошки. Кое-где красовался цветами шиповник; во многих местах зацветала малина и даже краснела уже ягодами. В воздухе разлита была чарующая свежесть, которою дышишь — не надышишься: то вдруг прольется струя целебной смолки, то здоровый запах травы, то вдруг опять пролетит нежная, эфирная струйка, пущенная зажившими цветами шиповника. Луга, выглянувшие между деревьями, усыпаны были цветами и рисовались таким же пестрым ковром, который так обыкновенен везде, кроме архангельского края. Местность Соловецкого острова решительный контраст со всеми соседними ей: природа словно огорчилась, истощенная в береговых тундрах и болотах, и, собравши последние оставшиеся силы, произвела на острову новый, особенный мир, в котором так всем привольно и так все сродни и знакомо дальнему, заезжему человеку. Вот пошла дорога под гору, на мостик, перекинутый через бойкий ручеек; вот побежала она в гору, взрытую по местам колеями; вот канавы, прорытые по сторонам полотна ее, и опять та же лесная чаща и между нею болото такое же ржавое, такое же зыбкое, как везде и всюду в России, богатой и горами, и болотами, и роскошными лугами. Прекратился лес, открылась поляна, на поляне посеяна рожь. Рожь уже наливается, налив идет к концу; васильки в полной силе. Вправо от дороги, между редко расставленными деревьями, через поляну, засыпанную хвоей, выглянуло озеро большое, рыбное, на этот раз светлое, зеркальное. Лесная чаща продолжает по-прежнему окружать нас со всех сторон и дышит своим здоровым, целебным дыханием. В ней запела даже где-то птичка, другая, третья... Весело на душе, летят все черные мысли прочь, забываешь обо всем прежнем и живешь только настоящим. Пусть бы дальше и больше тянулась эта дорога с увлекательными видами и свежестью; пусть никакое тревожное воспоминание не беспокоит теперь воображения. А воспоминаний этих накопилось так много, ими так сильно утомлена и пресыщена душа, что прежний путь по прибрежьям кажется как будто сном, какой-то сказкой, выслушанной еще в детстве и теперь с трудом припоминаемой.

Ехали мы лесом часа два. За лесом началось поле, на конце которого стоит избушка, и в ней живут два монаха-перевозчика. У избушки этой надо было оставить лошадей и садиться в карбас, на котором предстоял путь через салму (пролив) в 4 версты 300 сажен. Ветру никакого не заводилось: привелось ехать на гребле, между тем как быстрина течения здесь поразительна. К тому же, на то время вода на том берегу распалась, как выразился наш перевозчик, то есть пошла на прибыль, начался прилив и обещал нам навстречу сувой, но сувой оказался несильным, и мы хотя и медленно, но прошли его при помощи только двух весел. По пути нам морем играла белуга у самого карбаса и так близко, что можно было рассмотреть, как опрокидывала она свое огромное сильное тело в воду, выгибая над водой спину и выкидывая на шее фонтаном воду. Провожающие нас монахи говорят, что она удивительно быстро ходит, и если уж одной удалось прорвать невод, так все другие уйдут за ней мгновенно.

— Молоко-то у ней тоже белое! — заметил монах.

— А где же его видели? — спросил мой спутник.

— У пропавшей (околевшей и выброшенной на берег) видели.

Через полтора часа езды мы были уже на берегу Анзерского острова, подле часовни, на месте которой, говорят, основатель скита Елеазарий работал в избушке деревянную посуду и потом продавал ее приходившим на Мурман поморам. Приготовленную посуду он, но преданию, выставлял на пристани, а сам удалялся в леса от людей. Приплывавшие поморы брали посуду, а в отплату оставляли хлеб и другие съестные припасы, по силе возможности.

От часовни этой мы шли на две с половиной версты пешком до Анзерского скита, раскинутого в ложбине с каменными кельями (в них живет 14 монахов) и таковою же небольшою церковью. Вблизи скита этого ловятся лучшие соловецкие сельди и семга и производятся по осеням промыслы тюленей и морских зайцев.

На острову Анзерском жил несколько лет Никон.

Пустынножительство в этом скиту существует на том же положении, как и в монастыре Соловецком.

В Анзерском скиту нас посадили опять в линейку, чтобы везти на Голгофу, в Иисусо-Голгофский скит, до которого считают шесть с половиной верст. На второй версте началась эта высокая, словно сахарная голова, гора Голгофа, чрезвычайно крутая, вулканического вида. Дорога побежала винтом между высокими деревьями, в виду озер, разлившихся у подошвы горы. Словно поставленная на облаках, белелась над нашими головами скитская церковь далеко-далеко наверху. Здесь первоначально жил Елеазар, а после него иеросхимонах Иисус, водрузивший здесь крест и положивший таким образом первое основание скита в 1712 году. По завещанию его, в скиту воспрещено употребление рыбы и молочной пищи, кроме субботы и воскресенья, и установлено неусыпное чтение псалтыря. Братии здесь жило в то время 8 человек.

Вид с горы и скитской колокольни поразителен: море протянулось во всей своей пустынности и ушло в безграничную даль океана. Неоглядная даль эта сливается в ближайшей стороне с бойкою, богатою лесною и луговою растительностью острова, с другой, дальней, ограничивается группою островов Муксалмовских. На них пасется монастырский скот. Между Большими и Малыми Муксалмами разливалась салма с необыкновенною быстротою течения, усиленною еще сверх того присутствием порогов. Пороги эти носят название Железных Ворот, едва одолимых гребным карбасом в сухую воду и едва доступных, по быстроте течения, при приливе, или полой воде — по-туземному. В самом узком месте этих ворот, с одного берега на другой, перекинут мост для перехода скота и оленей. За Муксалмами выясняется группа островов Заяцких с белою церковью, и вот правее их и ближе весь зеленый и огромный Соловецкий. Среди зелени его лесов светлеют зеркальным блеском то несомненные озера, то врезавшиеся в берег морские губы, которые так легко принять за озера. Между последними отличаются два: одно Исаковское, другое Секирное. Первое выделяется из всех тем, что выстроенная на берегу его пустынь означает место, на котором впервые поселился преподобный Зосима. Второе отличается от прочих не столько пустынью, сколько высящейся над ним горою, которая почитается самою высокою на всем Соловецком лесистом острове. На верхушке горы некогда (во время шведской войны в конце прошлого века) построена была батарея и поставлен маяк. Теперь белеется на том месте церковь.

Затем повсюду кругом, как венец сверкает громадная, неоглядная масса воды, сверкающей на полном свете полуденного, летнего солнца. Вот на море этом чернеет корга, едва не заливаемая прибылой водой, та корга, на которой ловят монахи морских зверей по осеням и зимам. С колокольни, на которой вечно ходит круговой ветер (хотя бы под горою и на море была полная тишь и гладь), глаз бы не оторвал от всего, что рисуется и красуется внизу. Гора Голгофа до того высока, что видна с моря верст за 50, по словам туземцев, и до того своеобразна, что чаек, одолевающих криком внизу, в Анзерском скиту — в здешнем Голгофском не могли прокормить. Не водятся также здесь и голуби, и только вороны да орлы способны прилетать сюда вить гнезда и кормиться от сытной и обильной братской трапезы.

В Голгофском скиту не служат молебнов, служат одни панихиды.

На обратном пути в Анзерском скиту нам предложили варенцу и сливок, которых здесь, по словам монахов, в изобилии.

— Тяжелы были времена для обители в запрошедшие годы,— рассказывал мне анзерский монах.— В скиту нашем стекла дрожали от пальбы неприятельских пушек. Страшный дым стоял все время над монастырем; думали уже мы, что случился пожар и загорелась какая-либо из башен. Дым, стоявший над монастырем, минут через пятнадцать разносило ветром, и сердца наши испытывали велие веселие, радовались надеждою. Пришедшие монахи сказывали на другой день, что гроза миновала и молитвами преподобных отец наших Зосимы, Савватия и Германа Соловецких, Елеазара Анзерского и Иисуса Голгофского обитель спаслась и тодько испытала некоторые повреждения.

Повреждения эти, сохраненные еще на мой приезд, состояли, как сказано, в неисправимых повреждениях архангельской гостиницы. Одно ядро прошибло крышу и спалило образ у дверей холодного собора, другое пробило в одном месте стену; многие расшибли церковные и келейные окна. Все эти ядра, собранные в значительном числе, показывали богомольцам выставленными по прилавку на соборной паперти. Пушки, из которых стрелял монастырь, отец-архимандрит Александр предполагал позолотить и выставить при входе в святые ворота. Также позолочены были и те ядра, из которых одно упало в соборной церкви и не разорвалось, и другое, засевшее в соборной главе и чуть не брошенное вниз по неосторожности кровельщиком впоследствии, когда поправлялись главы и кровля.

Вот что можно услышать от соловецких монахов с присоединением того, что осталось в воспоминаниях самого отца-архимандрита Александра об недавнем бомбардировании монастыря англичанами.

Эскадра английская, как известно, останавливалась около Заяцких островов. Отсюда отправлены были в монастырь парламентеры с просьбою снабдить их пароходы баранами. Архимандрит отказал. Англичане высадились на один из Заяцких островов, и именно на тот, где паслись в то время бараны. Часть их была поймана, не давался долго один козел, но когда был схвачен, лизал руки у врагов, своих владетелей. За такую ласковость англичане отпустили козла, не взявши его с собою. Монастырю, во всяком случае, угрожала опасность. Англичане, державшиеся той системы, чтобы не стрелять и не начинать ссоры с беззащитными селениями, сожгли в то же время Пушлахту и Кандалакшу только после того, когда видели, что жители выбежали с ружьями и стреляли по ним. Англичане знали, что монастырь — сильная крепость, что в крепости этой есть некоторое количество инвалидной команды, есть пушки и боевые снаряды и есть, сверх всего, огромный запас провизии. К тому же, из монастыря получен был отказ в снабжении мясом. Архимандрит знал, что бомбардирование неизбежно. Незадолго до него командир эскадры поручил заяцкому монаху, отправившемуся в монастырь, передать настоятелю подарок. Подарок этот была штуцерная пуля со всем припасом.

— Попенял я им, что посылают пулю,— рассказывал этот

монах.— "Послали бы вы,— я говорю,— отцу-архимандриту ружье английское хорошее".— "А пусть,—говорят,—приедет сам — подарим!" — "А мне подарите ружье?" — спрашивал я. "Тебе,— говорят,— не надо ружья". Подавая мне пульку, командир, переглянувшись с другим, стоявшим рядом, усмехнулся.

Собрал отец-архимандрит совет из монашествующей братии и объявил им о своем намерении ехать для личных переговоров с неприятелями. Одни отсоветовали, другие утверждали в этом намерении. Отец Александр решился на последнее и, благословивши и распростившись со слезами с братиею, сел в монастырский баркас, управление которым доверил он самому опытному кормщику, а в помощь ему выбрал самых сильных из всего количества штатных монастырских служителей.

При холодном противном ветре, против которого с трудом держался баркас и едва спасала теплая монастырская одежда, ехал отец Александр до неприятельских пароходов. Только на рассвете (отправившись после вечерен) он мог достигнуть до них. Выкинут был парламентерский флаг; с парохода неприятельского спущена была шлюпка для переговоров. Настоятель согласился сесть только в таком случае, когда увидел, что на шлюпку вскочило много.

— Отчего ты не давал нам баранов?— спрашивал переговорщик. Переводчик этот чисто говорил по-русски, сказывал, что воспитывался и жил в Архангельске, где и привык так бойко говорить по-русски; сказывался простым солдатом, хотя, по словам отца-архимандрита, и имел на фуражке кокарду.

— Оттого не даем ничего, что вы враги наши!— отвечал архимандрит.

— Мы бы тебе заплатили деньги.

— Денег мне ваших не надо, потому что я монах и не нуждаюсь в деньгах. Я всем обеспечен от обители.

— Мы тебя возьмем в плен и увезем с собою.

— В плен вы меня взять не смеете, потому что я под парламентерским флагом приехал к вам, да и что вам во мне, и зачем вы меня так далеко повезете?..

— Дал бы ты нам баранов — мы бы вас не трогали.

— Дать я вам всего этого не могу, да и не позволит братия.

— А если сам захочешь?

— Сам не хочу и не дам, и братии не позволю, потому что мы хотя и монахи, но принадлежим своему отечеству, любим его и молимся за своего государя.

— Ну так мы будем стрелять...

— А мы будем молиться.

— Стрелять мы будем завтра.

— Стало быть, так я и знать буду и так же точно перескажу братии. Поеду и сам приготовлюсь по обрядам нашей церкви к смерти.

Оставив англичан с положительным отказом, отец-архимандрит собрал всю братию и приказал ей исповедью и причащением святых тайн приготовиться к завтрашнему дню. На другой день, в самый день бомбардирования, причастился и сам и, не дожидаясь начала пальбы, начал литию[13] с тем, чтобы при пении ее обойти вокруг монастырских стен. Лишь только потянулось шествие по стенам и не совершило еще половины крестного хода, раздался оглушительный гром от пальбы, завизжали пули, некоторые из них носились над головами богомольцев, незначительная часть которых успела пробраться на то время в монастырь. И вдруг — в одно мгновение (которое, по словам очевидцев, неизгладимо останется в их памяти) — раздался сзади шествия страшный крик, и почти все задние ряды повалились ничком на землю. Оказалось, что ядро прошибло стену и пролетело над головами богомольцев, не сделав им вреда. В то же время другое ядро ударило в соборную главу и влетело в церковь, другое пробило кровлю и попалило образ. Гул и пальба не прекращались долго, даже и в то время, когда крестный ход вернулся в собор.

Наконец, все стихло: архимандрит совершал благодарственное молебное пение. Английская эскадра отправилась в Кемь.

При этом присовокупляют, что во время пальбы на монастырском дворе не видали убитою ни одной чайки.

Хотя теперь уже, может быть, уничтожен и последний след повреждений, произведенных в монастыре неприятелем, но, думаю, воспоминания и рассказы о нем слышатся богомольцами и до сих еще пор так же обильно, как слышал и я. Тогда для монахов было это свежо, но мне изменяет память; все, что осталось в ней, я передаю, как могу и помню.

---

[13] лития — богослужение, совершаемое вне храма.

15 июля 1856 года был последний день моего пребывания в монастыре. В последний раз видел я приветливого, гостеприимного, словоохотливого отца-архимандрита и простился с ним. В последний раз видел я двух схимников с пожелтевшими, словно воск, лицами, в ризах, обшитых спереди и сзади крестами, с седыми, как серебро, волосами. Схимники выходили за трапезу.

Карбас мой был уже готов, и мы отправились. Понесло нас сначала легоньким поветерьем: летний ветер надул паруса и веял приятной, клонящей ко сну прохладой. Монастырь еще виделся долго нам назади, серея своими стенами из неотесанных камней, плотно лежащих один на другом. Но вот и стену затянуло туманом.

— На Сеннухе мара! — кричит кормщик.

— Что такое? — спросил я.

— Сеннуха — острова, а мара — гляди вон!

Я видел впереди спустившийся туман, который казался дальним, едва приметным берегом. Ехать было невыносимо скучно, к тому же ветер пал, и гребцы сели на весла. Затем пошли обычные, давно наскучившие подробности.

— Батюшко, припади! — говорил один гребец, обращаясь к ветру.

— Припадет — побежим! — подхватил его сосед и товарищ.

— Товарищи, друзья, не посрамимся! — просил третий, крепко налегая на свое весло.

— Сделайте милость, товарищи, понатужьтесь, там станет легче,— упрашивал кормщик...

Гребцы послушно налегали на весла, хотя и хорошо знали, что там не могло быть легче.

Портной наш сидел каким-то сумрачным, как будто обидел кто.

— Что ты такой невеселый?— заметил я ему.

— Из монастыря едучи всегда так надо.

— Разве работы не было?

— Ни одной жилетки не удалось сшить.

— Что же ты там делал?

— А у монахов про житие все слушал... все три дни кития слушал.

Опять по сторонам старые виды, и опять на карбасе густые, наполовину понятные и неинтересные разговоры. Ветер то припадет, то опять стихнет. Дальний остров сначала выплывает словно облако, потом меледится — чуть выясняется в тумане и, наконец, по мере приближения к нему, совсем обозначается ясно и живо с грудами камней, по которым прошли желобки, словно приступки. В тех желобках, где более тени и тень эта долговременна, сверкают лужи дождевой воды сомнительных качеств, черной, как пиво, и все-таки дорогой, в крайних случаях, при летней жаре для заезжих. По лудам, и самым счастливым из них, цепляется кое-какая растительность, и зеленеет у самой воды какая-то скользкая, грязная слизь.

Влево от нас выплывало из-за островов судно. На мачте этого судна засверкала от лучей солнца золотая звездочка, вероятно, крест, без которого не бывает ни одной монастырской лодьи, назначенной перевозить богомольцев из Архангельска, из Сумы и иногда из Кеми. Все мы рады этому судну, и всех занимает оно, и рисуются в моем утомленном воображении следующие картины.

Видится мне дряблая, разбитая ногами и голосом старушонка в крашенинном сарафане, с остроносой сорокой[14] на голове, баба плаксивая, богомольная; вывела она сыновей, дождалась и баловливых внуков. В товариществе попова Гаранюшки баженника-дурачка, да Матвеюшки, что позапрошлый год медведь ломал да не изломал совсем, сама с клюкой, Христовым именем пробирается в неведомый ей край.

Дребезжит ее разбитый голос под волоковыми окнами[15] спопутных городов, сел и деревушек. В деревушках видят у старухи котомку за плечами, старенькие лаптишки под котомкой — в избу зовут:

— Богомолушка, кормилица?

— Нешто, родимые.

— Куда бог несет?

— К Соловецким, родители, за грехи свои богу помолиться.

— Далеко, кормилушка, далеко. Возьми-ко, сердобольная, гривенку: поставь и за нас свечку там — не погнушайся,

_______________________

[14] сорока — женский головной убор,

[15] волоковое окно — окно для вытяжки дыма в избах, топившихся "по-черному".

богоданная! А вот тебе пятак за проход, пирог на дорогу. Да присядь-ко, касатушка, пообедай.

Бредет эта старушоночка и цокает: рассказывает про свою родину за густыми сосновыми лесами ветлужскими и кедровыми лесами вологодскими. Молит она милостынки и у вагана-шенкурца и у холмогора-заугольника.[16] Приходит, наконец, и в длинный Архангельск, но уже не с пустыми руками, хотя и с разбитыми, сильно отяжелевшими ногами. Поскупится она заплатить, из бережливости и скопидомства, лишний грош, ее заставят щипать паклю или прясть канатное прядево — и без денег свезут...

Вот она на палубе огромного судна — монастырской лодьи, плоскодонной, безобразной, с старой оснасткой и покроем, посреди густой толпы богомольного люда. Едет тут и бородатый раздобревший купец, которому удалось хватить горячую копейку на выгодном казенном подряде. Едет тут и оставленный за штатом недальний чиновник из духовного звания, распевающий в досужее время церковные стихиры и не пропустивший на своем веку ни одной заутрени и обедни в воскресный день. Едет тут и сухой монах дальнего монастыря из-под Киева, отправленный со сборною памятью и игуменским благословением... Все тут вместе: и светская архангельская дама-вдова с томными глазами, со вкрадчивым разговором и в костюме, имеющем претензию на заметное кокетство, и бойкая щебетунья баба — солдатка из Соломбалы, и длинный семинарист богословского класса, и дальний сельский поп, низкопоклонный, угодливый, приниженный.

---

[16] вагана-шенкурца и холмогора-заугольника — традиционные прозвища жителей Шенкурска и Холмогор, городов Архангельской губернии.

Паруса уже налажены, снасти подобраны, остается только вытащить рычагом якорь. Все богомольцы стоят без шапок и чего-то ждут с сосредоточенным вниманием и при сдержанном молчании. Раздается сладенький тенорок кормщика:

— Молись, господа! Молись, благословёны,— в путь-дорогу пора. Читай, Кондратушко, молитву на путь шествующим!

Вслед за тем раздается звонкий, выровненный развитой до поразительной чистоты голос монастырского служки. Богомольцы творят молитвы на городские церкви и потом на все четыре стороны, из которых на каждой непременно блестит по одному — по два церковных креста.

Судно трогается и бежит, если ветер крепко попутный, и плывет лениво и вяло, плохо лавируя, если поветерье (говоря поморским выражением) кормщику в зубы. Бежит монастырское судно вблизи Летнего берега Белого моря к Ухт-Наволоку и далее открытым морем.

Трудными повенецкими дорогами с Онежского озера идут другие партии богомольцев из ближних к Петербургу губерний. То пробираются они по узким тропинкам через гранитные скалы, выкрытые тундрой с оленьим мохом и лесами с дряблыми деревьями, то плывут они по зеркальным, глубоким озерам в утлых, неудобных лодках или на посад Суму, или на деревню Сороку — людные и богатые селения поморского прибрежья Белого моря. Здесь их также принимают на лодьи или монастырские, или обывательские. В нередких случаях едут богомольцы и в мелких судах, карбасах. Теперь возит их монастырь уже на собственных прекрасных пароходах, и таким облегчением пути все не нахвалятся.

# ПЕЧОРСКИЙ КНЯЗЬ

Ехать *ли дальше*, на Печору? Стоит *ли* вновь рисковать временем и здоровьем в виду того, что работа ограничена сроком и суровая зима, видимо, обещает встречу с лютыми полярными морозами?

Эти досадные вопросы тотчас же и напросились вновь, как только раскинулась по гористому берегу, вообще весьма картинной, реки Мезени деревня Вожгоры. Отсюда прямо-таки и начинается зимняя дорога в эту страну, называемую у местных неученых географов "Отдаленной" и, на самом деле, представляющую собою край совершенно отделенный от прочих архангельских. Он живет самобытною жизнью, находится в зависимости от Пермского края по торговле и от хамского Сарапульского края по хлебному продовольствию; с Архангельском он имеет сношения лишь на короткое время зимою, — летом почти совершенно недоступен. Десятки дет серьезно толкуют о том, чтобы отделить его в самостоятельный, независимый от Мезени уезд, оставив почему-то за Архангельскою губернией.

Начинать исследования приходится, стадо быть, снова и по другим приемам, с обязательными неудачами при торопливых работах, когда приходится брать не то, что хочется, а то, что дадут Христа-ради, на бедность. Не очутиться бы и здесь в том же безвыходном и обидном положении непрошенного гостя, как нередко доводилось испытывать в раскольничьем Поморье. Первое же спопутное селение на Печоре, Усть-Цыльма, населено староверами и, притом, точно такими жё, которые не едят из чужой чашки, в открытую спорят о правоте своей веры и в ревизских связках из 1,260 душ мужского пола записали 1/5 часть (250 чел.) незаконнорожденными. Въедешь каким-то оглашенным, — выедешь несолоно хлебавшим. Не с той ноги коренная лошадь тронет с места или ямщик с девой стороны взберется на козла, косой заяц перебежит дорогу — и снова покажется, что все сговорились молчать и столпились тесною стеной, чтобы заслонить самые редкостные, любопытные и поучительные виды. Подсказывают знающие:

— Печорцы добрее, хлебосольнее, проще и откровеннее, Они даже до того простодушны, что купца Вишау, ездившего с управляющим палатою государственных имуществ Пащенкой, приняли за большого человека из самого Питера. Когда узнали и увидали, что он отлично бегает на лыжах, еще больше укрепились в своем предположении, сказавши себе и другим, что в Литере больших людей учат бегать на лыжах и ламбах. "Где купцу сделать экое дело!" При отправлении заезжих в обратную, народ собрался толпами, обступил их. Один пьяный кричал всем встать на колена. Когда лошади тронулись, вся толпа побежала через Печору и сдуру кричала "ура". Долго потом не могли разуверить народ в очевидной ошибке.

Советуют тамошние:

— Непременно надо съездить, воспользовавшись случаем, когда зима сковала болота и настлала по тундрам прямые дороги во все желаемые стороны. Край — богатый дарами природы, непочатыми и даже неисследованными, крайне любопытный и совершенно неизвестный. Очень редко кто его посещает иначе, как по скучным казенным поручениям и служебным обязанностям. В 1838 году приехали, 26 ноября, по просьбе самих печорцев, следователи, большие чиновники, которые на Печоре не бывали от начала мира.

Губернаторы там не бывают вовсе, и если который соберется навестить, то летом, в досужее время, ездит на Вологду и на Пермь, оттуда на г. Чердынь, делая громадную околесицу на большие сотни верст. Посещение архиерея составило эпоху и вызвало легенды, которые живы до сих пор. Незначительные и пустые, самые обыкновенные случаи приняты за события чрезвычайной важности и крупного значения. Их хорошо помнят и непременно сообщают.

Приходится выслушивать от многих целый подробный рассказ о поездке епископа холмогорского Георгия в 1831 году, отправившегося не столько по доброй охоте для обозрения запечорских приходов, сколько по предписанию синода, озабоченного в то время ревностным миссионерством среди самоедов при содействии архимандрита Сийского монастыря Вениамина Смирнова (с 1825 по 1830 год).

У одной избушки-кушни для перемены лошадей остановился преосвященный со своею свитой. Около повозки суетятся дьяконы, хлопочут певчие. Архиерей не вылезает из повозки и торопит запрягать лошадей. Ему докладывают о проезде старушки, которая везет будущего семинариста поставить под архипастырское благословение и привычно спрашивает:

— Умеешь ли ты петь?

— Умею, да худо.

— Ну, спой что-нибудь, хотя "Святый Боже".

Мальчик молчит и заставляет повторить приказание, но снова продолжает упорно отмалчиваться, тем более, что большие и малые певчие окружили печорского дикаря и пощипывают.

Георгий, видя замешательство совершенно оробевшего ребенка, милостиво и благосклонно говорит с добродушной улыбкой:

— Экий упрямец! Ужо в семинарии выучат.

Эта самая семинария, разрешая ученикам родом с Печоры отпуск на летнее вакационное время, вынуждена была дозволять его не иначе, как на целые полгода, и то раз или два во все время полного курса учения. Чтобы добраться туда обычным, самым употребительным летним путем, по которому до сих пор еще таскают почту, надо истратить целый месяц и испытать целый месяц и испытать десятки препятствий и сотни приключений. Второй — летний путь с нижней Мезени от села Большие Нисогоры (с устья Мезенской Пижмы, по этой реке до трехверстного волока в Пижму Печорскую и опять в Цыльму) еще хуже и затруднительнее (а потому редко посещается).

Посещение Печоры детом — подвиг; поездка туда зимою — обыкновенное дело переезда по такому тракту, на котором выставлены обывательские лошади. Нет станционных домов, где бы можно было отдохнуть, но за то есть избушки, обитаемые задичалыми зырянами и захудалыми стариками с Мезени. Можно здесь перепачкаться сажей с головы до ног, но, во всяком случае, обогреть окоченелые конечности. Для прохожих людей эти кутни снабжаются на общественный счет "бражном" т. е. съестными припасами, хлебом, содею и соленой рыбой в ведерках.

Так успокаивали и уговаривали меня, рисуя контрастом летний путь на ту же хваленую и неизвестную реку.

Говорили:

— Надо пользоваться случаем, чтобы не упрекать себя потом во всю жизнь. Послушайте-ка, как достигают до этой страны летом.

Легким способом на пинежских карбасах, которые всегда готовы к услугам на Архангельской пристани, как обратные, проплываем Двиной и рекой Пинегой до того волока, который предоставил свое нарицательное имя самому городку (название города Волоком — народное название, по реке Пинеге — официальное и книжное). Собственно пинежский волок, как водораздел, не велик: маленькую лодченку — долбленую однодеревку можно купить за грош и донести на руках до быстрого небольшого ручейка, который превращается на второй день езды в настоящую реку Кулре, а на третий и последний день пути в необыкновенно широкую реку при самом устье. Стрелой мчится здесь лодка, совершенно в противоположном направлении от прямого пути на Печору и решительно в сторону от нее, — прямо на север. В селе Долгощелье лодку надо бросить: приводится выходить в открытое море, огибать берег до устья реки Мезени и подвергаться случайностям. По Мезени полагается плавания всего 35 верст до устья реки Пезы, известной всем по своему знаменитому волоку, второму на пути.

На этом водоразделе рек, текущих в Белое море, от впадающих в Печору и, стало быть, непосредственно в Деловитый океан, действительно волокут, а не возят. Здесь народное суеверие силится несколько веков подслужиться практическим целям, хотя и бесплодно. На могилу богатыря, разбойника Туголукого, всякий проезжий и прохожий обязан бросить щепу, ветку, камень, но доселе не набросали мало-мальски сносной гати: на этом болотистом перешейке вырос лишь небольшой холмик, аршина два вышивки и сажень в диаметре. Волок тянется 15—20 верст (по прямой линии всего семь) и из Пезы добираются до него по реке Рочуге. Самый же пезский волок усиливается при помощи лошадей с ямщиками. На половину едем озерами, соединенными протоками, и в одном лишь месте попадается сухой еловый бор. Весь пригорок оброс мохом и усыпан иглами хвои так, что нога скользит, как на паркете. Редко расставлены деревья, как в чищеной роще. Сидя на них, посвистывают рябчики; убил одного, другой испугался, но далеко не улетел, а сель тут же на соседнем дереве. Тетерева и пеструхи качаются прямо над головами, безбоязненно поглядывая на прохожих в том положении, которое говорит о равнодушии птицы: либо глупа она, либо глуха, а, может быть, то и другое исправно. В первом случае она доказывает, на сколько дика самая местность, редко посещаемая для встреч и взаимного общения людей с их разговорами и перебранками. Во втором острова оправдывает свое название, придуманное птице этой в остальной России (на всем севере, как известно глухаря, называют чухарем).

На пезском волоке дедки втаскиваем на сани, настоящие сани на полозьях. Полозья и оглобли — один кусок дерева. На конце полозьев четыре копылища, по два на каждой стороне. Наверху копылища перетянуты сучками; на связке лежать доски. Тут же подле избушки стоит и каток или ось с двумя колесами, весьма неправильными, сплошными кругами. На эти волоки (сани) больше десяти пудов не кладут. С ними волочемся мы по мокрой болотистой грязи и ослизлой траве, чтобы воочию не утрачивала буквального значения историческая поговорка, что и летом на санях воеводу возим. Раз отпряжем лошадей и плывем из одного озера в другое протоками на лодке, а в другой раз ведем лошадей по худо намеченной и едва протоптанной тропе, и тащимся такте до речки Чирки. Здесь опять стоит и дожидается нас другая казенная избушка на курьих ножках и об одном окошке, — задымленная и прокопченная насквозь кутня. Других дорог нет и единственная обязательно должна привести сюда. Из бору дорожка вышла прямо в болото, на которои была когда-то гать, а через ручеек мостик. Все это погнило, а с тем вместе исчезли и последние следы пути. Сбиться с него, выйдя из живой цепи опытных провожатых, и зайти за края того кольца, где еще может быть действительным и сильным человеческий голос, при помощи лесного эхо, — значит заблудиться и погибнуть.

— Я ехал с бабушкой домой в Ижму, — рассказывал Мих. Фед. Истомин, с полным успехом и много поработавший с пользою для родного края, заслуживающий благодарности и ожидающий справедливо оценки, как один из видных деятелей отечественной местной печати.

— У бабушки моей, сверх необходимого барахла (всякого скарба и носильного платья), был еще ящичек, в который она наклада всякой ненужной дряни, лоскутков и тряпья. Ямщики даром нас не везут через волок: просят 20 рублей асс., а денег у нас нет. Что тут делать? Надо хитрить. Я завел речь о пороховых заводах, сказал, что много их сгорело, и порохе сильно вздорожал, даже и нет его в продаже: самой казне недостает пороху. Мужики заахали, а это мне и нужно было. Дело в том, что я вез фунта три пороху. "Вот, — сказал я, —

много ли тут, а я заплатил 30 р., да и то едва-едва достал через людей". Мужики взмолились: "дай нам сколько-нибудь!" Предложил его ямщикам, — они и согласились везти нас. Над бабушкиным ящиком заломались. У меня с ней вышел спор. Я хочу, чтобы всю эту дрянь бросить, а бабке жалко. Тогда я взял ящик и бросил его в речку. Она рассердилась, не молвила ни слова и исчезла в. лесу. Я подумал, что она пойдет через волок, и сам потянулся им следом га другими. Мы пришли к Чирке, а бабушки там нет. Решили, что она либо пошла стороной, либо заблудилась, либо с намерением не выходить из лесу, чтобы дать внуку урок. Однако, ждать-пождать, а, старухи все нет. Я влезал на высокие ели, смотрел кругом, кликал, — не было ответа, только эхо гудело в лесу. Стемнело. Мы так и положили, что старуха заблудилась. Может, она явится утром. Не то намеревались поискать. Ямщикам надо было ехать обратно, но они остались с нами ночевать. Памятна мне была эта ночь! Холодно, сыро: как ни стараешься укутаться, сырость и ветер берут свое, а печь в избе нетоплена, окна повыбиты. Я не мог сомкнуть глаз: чего-чего не передумал! Жаль было бабушки, и я горевал ужасно.

— Напросился незваным покойный муж ее и дед мой, священник Иоанн Истомин, погибший на этом самом месте из виду и на глазах этой же самой бабушки, в 1806 году, в Тронцын день. Печальный Фантастический образ его так и восстал передо мною и не давал во всю ночь сомкнуть глаз. Не его ли тень вызвала и мою старуху, иди она сама услыхала его голос и пошла на милые, забытые звуки? Вот как дело было. Епархиальному архиерею сделали донос на дела, будто бы он, вместе с некоторыми крестьянами, ходил на медведя. Не знаю, справедлив ли был этот донос, но не могу и не сомневаться. По преданию, дед был человеком общительным, откровенным, веселого характера и мог быть запанибрата с зырянами. К тому же он был одарен необыкновенною силой, которая могла во всякое время, особенно под хмельком, соблазнить его потягаться с медведем. Как бы то ни было, но преосвященный потребовал его к ответу и по тому суровому времени и бесконтрольной деспотической власти мог, дознавшись вины и не слушая никаких представленных оправданий, обрить ему полголовы и полбороды. Так уже и случилось это с одним его предместником, забежавшим, со страху, после такой резолюции, в скиты раскольников Топозера. Для деда на ту пору стояло время летнее, но путь был трудный. Когда бабушка уговорила мужа взять ее с собою, он не прекословил. Отправившись, тянулись бечевой, ехали на шестах по Цыльме, реке быстрой и порожистой. Спускаться с порогов опасно и трудно, а подниматься еще труднее и опаснее. Греблей нет возможности не только подвигаться вперед, но и держаться против быстрин. Такое плавание возможно лишь тамошним бывалым пловцам. С ними вошли наши путники в реку Чирку, мелкую, каменистую и быструю, а по ней через 25 верст добрались и до невского волока. День был ясный и теплый. Чирка сверкала и прыгала по каменьям. Пробежит она в одном направлении сажен пятьдесят, много сто, — и своротит в сторону. Доплыли путники до порога Кременцы. Развился он почти на версту: отыскала вода меж грудами каменьев проходец и несется с ужасною быстротой. Спуститься по такому сливу опасно: того и гляди наскочит лодка на камень и быстерь окружит и зальет ее. Вот около этого-то места вдруг дед мой приподнялся в лодке и стал прислушиваться. В лице его произошла перемена: вступила кровь и глаза засверкали.

Он долго и чутко прислушивался к чему-то. Потом тихонько сказал жене, что ему из лесу слышится отдаленный звон, ясно доносятся даже звуки нескольких колоколов. Моя бабушка сомнительно покачала головой: откуда мог быть слышен колокольный звон, когда кругом на двести верст совершенно мертвая пустыня? Но дед стоял на своем. Велел он ямщикам пристать к берегу. Выходит дед на гору, уходит в лес, сказав бабушке, что проведает, где звонят, и тотчас воротите". Ждут час, ждут другой, ждут целый день, — опального дедушки нет, как нет. Пошли искать в лес в разные стороны. Искали недели две, тужили, но не нашли никакого следа. Только нашли его шляпу: висит на сучке. Вернулись, наконец, домой, хоть и страшно стало: станут спрашивать, куда дели деда. Из Ижмы тотчас же отправлена была партия для поисков, но и она возвратилась без успеха: старик исчез без всякого следа. Только впоследствии ижемские богомольцы, ходившие в Соловецкий монастырь, рассказывали, будто они видали его там в числе схимников. Узнавали же его по бородавке на лбу и проч.; другие будто бы даже разговаривали с ним. Все это не имеет признаков достоверности. Один Бог знает, что случилось с дедушкой!

— Вот теперь, видимо, дошел черед и до бабушки, подумал я. Заныло у меня сердце. Лежу не сплю, сдумаю и вскочу с места, — сильно боюсь я того, что вот — вот и мне, в свою очередь, послышится роковой колокольный звон. Что-то похожее уж и мерещилось, да настало утро. Все проснулись и решили разойтись по лесу искать старуху. Мои спутники, ямщики, разумеется, боялись ответственности: как страшно придралась бы к ним земская полиция, — Боже упаси! Бродили в лесу до полудня, но тщетно. Я был в отчаянии, прочие в тревоге.

Наконец, под вечер явилась наша старушка, еле жива, в грязи, в лохмотьях, в крови. Все обрадовались, что еще жива. Пошли расспросы: что и как? Она рассказала, что пошла сначала по дороге, потом — около озера, где тропинка едва заметна, и сбилась с пути. Побрела она целиком по болотам, по лесу: шла целый день до позднего вечера. Когда уж совсем выбилась из сил, то села под дерево, перекрестилась и стала ждать смерти: думала, что съедят ее звери, как и покойного мужа. Ночью слышала вблизи вой волков и рев медведей. Настало утро, она опять пошла, куда глаза глядят, питалась ягодами, рвала малину, ела красную и черную смородину, собирала морошку и сцыху (гонобобель). Около полудня заслышала голоса. На никто и потянулась она прямо болотами и непроходимою чащей. Сучья исхлестали все лицо в кровь, изорвали платье в клочья. Вот и добралась до нас. Тут и вся история!...

Добытая нашими усилиями и медвежьим терпением, река Чирка — не речка, а ярый поток, сплошной, клокочущий порог, усеянный каменьями. Между ними лодка мчится стрелой и выносится в Цыльму, также не широкую, также порожистую, но более степенную и сравнительно смирную. Порогов на ней множество, и иные из них весьма опасны. Страшно, однако, то обстоятельство, что от последней деревни по Пезе до деревни Носовой на Цыльме, на расстоянии почти 300 верст, нет селений. Рыбы в Цыльме пропасть, да некому ее ловить. Изредка, где-нибудь на берегу, встретится жилье, и то не селение, а какой-нибудь одинокий крестьянский дом, по большей части раскольничий: в двух углах образа; перед восточным углом налой, на нем старопечатная псалтырь; тут же писаные святцы, поучения Златоуста, кожаные лестовки. Рожь сеют редко, — сбивает мороз, — житная (ячменная) мука своя, ржаную покупают. Живут больше промыслом рыбы. Одна хозяйка подшутила: "Вот мы каковы: роду мы большого, кореня толстова, отпить-отъесть не у кого!" Цыльма чем ближе к устью, тем глубже; порогов нет; берега становятся ниже; скот попадается все больше комолый (безрогий). Исчезают леса и заменяются пожнями.... Плыли мы по Цыльме без малого неделю, до села Усть-Цыльмы, но тут уже своя сторона. Оставалось до Ижмы только сто верст — рукой подать!

———————

амом деле, — решил и я, в свою очередь, про себя, — после тех пространств, которые удалось сделать прежде, что значат 230—250 верст, конечно, неизвестно каких: старинных ли семисотных, или нынешних пятисотных, вернее — вымеренных пословичною бабьею клюкой? Конечно, после свежих опытов, не в расстоянии заключается дело, и даже не в той тысяче верст, которые объявятся на самой Печоре и сделаются сверх сыта обязательными там. Лишь бы не сыграть в пустую, оставшись одиноким и беспомощным. Не очутиться бы там в том глупокомическом положении, которое наивно рисует безграмотное либретто бессмертной оперы Глинки, при буквальном смысле арии: "В поле чистое гляжу, вдоль по реке очи вожу"? Забираться ли в такую глухую даль? Этот страшный вопрос неотступно преследовал, несмотря даже на то, что со всех сторон и всюду уверяли в одном:

— Там князь, вы прямо к нему! Добрейший он человек!

— Князь у них в царево место, надо так говорить по Божьему, — объявляли мезенцы.

— Что князь велит, то все и сделают! — говорили еще в

Архангельске. Такими советами напутствовали меня от самого Архангельска на всей счетной тысяче верст.

Через два дня на третий я былъ уже на этой Печоре, въ селе Усть-Цыльме (когда, наконецъ, решился пуститься въ Отдалену, хотя она и не входида вовсе въ казенную программу командировки). В отводной избе, жарко натопленной, очумелый, заспавшийся старик, слезая с печи и спускаясь по приступкам, ворчал на большуху:

— Ишь, как нажарила сдуру, ребро за ребро задевает — столь тяжко!

— Чай, ведь он намерзал четверы сутки, — отвечала она, ссылаясь на меня, когда я уже успел развязать свой чемоданчик, оттаять замерзшие в походной черниленке чернила и развернуть странички своего дневника, чтобы вписать в него на память эти первые приветствия печорцев слово в слово.

Тем временем старик успел испить квасу, потянуться, очухаться, обчесаться. Он пришел в себя и заговорил:

— Ты, чай, до князя приехал? Куда больше, не к кому!..

И позевнул.

— Мимо нашего князя никому не проехать!— вмешалась хозяйка.

— Добрый он у нас — такой добрый, что лучше нам и не надо!— подкреплял старик.

— Почто не добрый! Не нажить нам другого такого! — поддакнула толстая, вся в пестрых ситцах, большуха.

— Этот человек, — толковал дед, — долго будет на людских памятях! С богатыми он богатый, с нужными (бедными) нужный.

— Он у нас, батюшка, — продолжала словоохотно болтать хозяйка, — захворал онагдысь.[17] И так его круто свернуло, что днями лежит и горит. Неделями уж мы стали считать, а он все, свет наш, что бревнушко, лежит и не шелохнется. Сдумали мы, что он, знать, помирать собрался, не отойти ему. Кое-какие из баб тых саван ему стали шить. Всполохнулись мы тогда все. Все село на ноги поднялось. Страху все дались, как бы впрямь он не помер. Что мы тогда без него?

— Бабы совет такой промеж себя собрали и положили лечить его, — перебил, улыбаясь, старик. — Скажи-ко теперь сама, как вы лечили его?

— Да ведь и вылечили же — молитвы читали! С нашего-то дела, с того самого дня ему и отпустило. Раздышался он, почал в себя приходить и вздынулся. Здоров ведь теперь. Была у него огнева (глрячка или нынешний тиф), от которой люди в себя не приходят и помирают в забытье. Об стену она не бьет, а держит плашмя и все нутро огнем выжигает. Одиннадцать сестер у этой болести, она двенадцатая: лихоманка, трясуха, гнетуха, ломовая, маяльница...

— Они что сдумали-то, бабы-то, — перебил снова дед. — Сколько вас было?

— Десятка два набралось.

— Вот всем-то эт-им суемом они принесли ушат холодной

---

воды полнехонький. Подкрались к князиной кровати сзади да и окатили его: весь ушат вылили, сколь он ни велик был. Так весь и бухнули на князеньку нашего.

— Пять баб волокли, да еще две подхватывали и опрокидывали, — подтвердила большуха.

— Это она правду говорит, что стал с того дня князь поправляться, с этой самой со глупости-то с бабьей. Не то они болесть ту напугали, не то сама она ихней затеи испужалась, богу ведомо! Однако вышло из князя все зло коренье. Сгило оно и пропало, чист стал!.. Вот теперь ты, хозяйка, рассказывай, как это вам в голову вошло снадобье такое. Ну да ладно, я сам расскажу... На суеме бабы стояли и такой совет держали. Всем бы князь святой человек, одно поганит его. За это самое, видно, бог рассердился и наказует этакою приткой. Не истовым крестом князь молится, а никоновою щепотью, которой и табак в нос пихает.[18] Дай, освятим! Перекрестить его надо, может-де он, по своей-то земле, и обливанец[19] еще. Стали по требнику начитывать, со своими молитвами в горницу вошли. И когда из ушата ухнули, эти самые молитвы читали на голос. Поди разговори их теперь, что он стал не ихней веры! Теперь, говорят, вовсе он наш стал, как бы и совсем прирожденный. Господа, однако, смеются князю, да и он таково-то кротко на их слова отсмеивается. В церковь он по-прежнему ходит, так это, вишь, толкуют бабы, для начальства, страха ради иудейска. Ничем их не спятишь с того, что забрали в голову.

---

[18] никоновой щепотью — то есть креститься троеперстием — тремя пальцами, сложенными вместе.
[19] обливанец — то есть при крещении не погружен в купель, а облит водой.

Вот и добрые признаки в этой добродушной откровенности, обращенной ко мне, без всякого с моей стороны вызова, хотя бы даже случай этот и был уже мне известен в Архангельске, и сам князь подтвердил его. Действительно, женщины силком ворвались к нему, сбивши с ног слугу и заранее подговоривши в свой заговор княжескую кухарку. Операция решена была полным консилиумом всего устьцылемского бабьего царства (женщин, сказать мимоходом, по всему Архангельскому краю, включительно до маленьких девочек, зовут "жонками", на Печоре же господствует общерусское слово "бабы").

Весело глянулось на другой день на божий свет, хотя последний на то время (в декабре) обозначался лишь сумерками; знать, и лошади принимали узенькую дорожную кибитку мою с правой ноги, и заяц не перебегал дороги, и ямщик не садился на козлы, а громоздился на переднюю лошадь, так как мы принуждены были всю дорогу ехать гусем. Дорога шла так называемою Верхнею Тайболой — обширными сплошными лесами, исконною глушью, где на огромном просторе местами залегли болота, замерзающие поздно, лишь на лютых морозах, местами разлились озера, казавшиеся на то время снежными полянами. Там, где дорога вступала в еловые и сосновые леса, среди которых располагались красивые и стройные лиственницы (иногда сплошными рощами, но чаще вкрапленными в борах отдельными насаждениями или кущами), дорога имела подобие совершенного корыта. Его выколотили земские лошади копытами, и оно давало собою все-таки скорее тропу, чем дорогу. Она самыми причудливыми коленами извивалась между гигантского роста деревьями, среди которых лиственницы имели до первых случаев по семь сажен в вышину. Дорога лежала гладким полотном лишь там, где попадались калтусы — не слишком вязкие болота, отчасти покрытые водою даже среди лета, и веретен — чистые площадки, не заросшие деревьями или кустарниками.

Охотно, с добрыми надеждами, шел я на свидание с князем, вспоминая прошлые дни неудач и приемы богачами и влиятельными людьми в Поморье. Бывало, всегда выходило как-то так, что на первых шагах в новом селении я попадал прямо на шахматные полы верхнего этажа этих богачей, а не в иную, победнее, избу. Кормщик, управляющий рулем почтового карбаса и заменявший, таким образом, ямщика, передавал меня следующему с очевидным наказом — проводить в такое место, куда приказано где-то и кем-то, оставшимся назади и неведомым. Такова, значит, сила подорожной по казенной надобности, с прибавкою печатного указа губернского правления. При входе в дом тотчас же начинается угощение. Богач в Ковде Матвей Иванович Клементьев хлопотливо суетится около самовара самолично. Возвращаясь в комнату, низко кланяется и усердно старается угостить каменными баранками, пряниками, гнилыми орехами. Видимо, любит он принять заезжих гостей (думалось мне), но на поверку оказалось, что он человек замечательной скаредности и заражен язвою стяжания новых прибытков в наибольшей степени сравнительно с прочими. Прижимист он и неподатлив; ни на какие уступки не ходит и чужими бедами не возмущается. Он даже прославился тем, что охотно откупал бедняков от рекрутства и затем забирал их к себе в кабалу, заставляя работать на себя за 50 рублей в год, при своей одежде. При этом он требовал еще перекрещиванья и обязывал купить для питья особую чашку и держать ее всегда при себе. Словно эта вера — его личный каприз и придурь, из-за которой бедняки должны гнуться в три погибели, молиться затребованным старым крестом. Где-нибудь за глазами они все-таки пускают в обе ноздри табачный дым и чокаются в кабаках артельными шкаликами и стаканчиками. Этот Клементьев так и ходил за мной, чтоб я не пошел смотреть хотя бы невинный забор, устроенный для ловли семги. Прислушивался он к моим разговорам и расспросам, предупреждал своими ответами те вопросы, которые обращал я к рабочим-промышленникам. Он так и не выпустил меня из плена, буквально не спуская со своих глаз. Савин в Керети повыступил совершенно в такой позе, в какой в знаменитой картине правдивого Федотова "Сватанье майора" представлен отец невесты: вырядился в непривычную долгополую нарядную сибирку и даже нижнюю пуговку еще не успел застегнуть. Как будто бы Савин заробел — "есть чему,— объясняют, — он свеженький федосеевец, еще не обсох от второго крещения, которое совершилось над ним там, в карельских скитах, кажется, на Топозере". Понуждался я в сельском начальстве для помощи — Савин послал за ним своего парня. Пришедшая власть поклонилась сначала ему, хорошо разумея, что позван приезжим человеком, с которым еще не видался. На предлагаемые вопросы он, собираясь отвечать, сначала читал в глазах богача раболепно, покорным и робким взглядом, отыскивая решение:

"Как повелит говорить твоя милость? Не провраться бы, не прогневить тебя, нужного человека, с тобой век изживать, а налетов-то этих ездит довольно — на всякого не угодишь".

В одном случае, при таком же замешательстве в ответах, Савин не выдержал-таки и заметил оробевшему:

— Говори же, братец, что знаешь и как дело понимаешь, ты это должон!.. Что ты на меня-то пялишь глаза?

Игра на этот раз велась уже до того открыто, что мне становилось не столько досадно и обидно, сколько смешно. Чего тут, в самом деле, скрывать на этом семужьем заборе, на этой ловле сетью-гарвою? Знай, болтай: сколько запущено нершей, как зовется продельное колье и как поперечное, когда ставят гарву и зачем ее не принимают на Терском берегу — чем она там неудобна? Сказывай, знай, чего жалко? Экие секреты!

Оказалось, однако, что без разрешения Савина сельская власть на полное исполнение моих просьб была не властна. Богач, за раскол, не будучи ни старшиной, ни головой, оказался потом настоящим начальником. На подножном корму, выращенном и приготовленном бедняками, а в том числе и этим, избранным в начальство за бессилие, он отпаивал, откармливал и опускал до колен свое чужеядное пузо. На этом самом Карельском берегу, бывало, то и дело лезут поморы с жалобами на притеснения: "Большой начальник ездит".

Поморы вообще не прочь попечалиться на горькую долю, но жалобы строят на общих невзгодах, зависящих от местных причин: от агличана, приходившего разорять берега во время Крымской войны, от сурового предательского климата, от норвегов, без спросу вылавливающих на наших берегах треску, и т. п. Зато поморы Карельского берега вдвое, вчетверо докучливее жалобами против прочих соседей и так, что самые просьбы их перестали уже давать темы для расспросов и служить путеводною нитью при исследованиях быта и нравов — просьбы и жалобы были слишком личными, в тесных рамках единичного интереса. Просто-таки жмут их и надавливают богатые монополисты, каждого по-своему и всех заодно. Брошенное письмо валялось в коробе с древними рукописями, принесенными напоказ. Пожелав познакомиться с письменным стилем поморов, я развернул письмо и прочитал: "М. Г. Иван Андреевич! Желаю вам здравствовать! С наступающим летом поздравляем. Сим вас прошу покорно сходить к Ивану Сущихину и получить по моему регестру денег три рубля. Если не отдаст, то нажми. Скажи ему, что я буду просить станового, чтобы он выслал его ко мне, и вы попросите Назара Васильевича моим словом: нельзя ли его выслать ко мне для расчета? Если вам не отдаст, меня уведомить. Проситель А. Тукачев. Прошу меня в обстоятельствах уведомить. Писать про себя нечего, а пишем ради вести, что нагрузились сухой рыбой и идем в Архангельск". В другом месте лезет ко мне проситель с такою просьбой:

— Мир на море отпустил, а становой держит. И билет от головы и от писаря есть, в кармане лежит. Пали слухи, что на Мурмане рыбы не выгребешь, а рук мало. Повели, как мне быть?

Избитые песни, надоскучившие и измучившие своим режущим уши и надрывающим сердце тоном, непрошеными снова пришли на память, когда я шел знакомиться с князем. Кого в нем встречу?

Вот и сам печорский князь налицо, когда я в беспорядочно раскиданном, но очень большом селе Усть-Цыльме на площадке против церкви нашел двухэтажный дом, один из лучших и выделяющихся в слободе. Дом этот казенный, предназначенный для квартиры лесничего, в должности которого и состоял в то время этот столь всем известный, любимый и расхваленный человек. В Пинеге, на Никольской ярмарке, от всякого печорца в числе первых опросов требовался ответ: "Все ли по здорову князь поживает?" Всякий хорошо знал, что ни один ижемец не проезжал мимо без того, чтобы не повидаться с князем, не поклониться ему, лишь бы только лежал этим людям путь через Усть-Цыльму.

Передо мной стоял небольшого роста, живой и подвижный старичок (ему было лет под шестьдесят) в беличьем архалучке — бабий любимец и кумир. Он приветливо, очень мягко и ласково улыбается мне черными глазами. Над густыми усами ярко выделялся круглый восточный нос грузинского типа. Это и был тот самый князь Евсевий Осипович Палавандов, к которому обращаются теперь мои запоздалые воспоминания.

Он сейчас же и обогрел меня теплым приветом. Сказал, что поджидал со дня на день и кое-что успел уже приготовить из того материала, который может пригодиться для знакомства с краем: песельницу хорошую разыскал, знает такую женщину, которая свадебные порядки умеет вести, и уже подговорил ее рассказывать, когда я приеду. Теперь ждет лишь прямых указаний, что еще надобно для моего дела и чем еще может помочь.

Едва мы успели обговориться и поосмотреться, как Евсевий Осипович поспешил сообщить мне то, что по званию моему, прописанному в подорожной, казалось для меня близким и интересным и что в том или другом виде сохранилось в запасах его памяти. Живя в Тифлисе, он слыхал про Марлинского, знавал Грибоедова, лично видал А. С. Пушкина. Сам был он тогда очень молодым юношей, с ограниченным, как грузин и тифлисский житель, наблюдательным кругозором.

Последующая судьба и суровая жизнь могли лишь рассеять и малые запасы сведений, изношенных в течение тех трех десятков лет, которые протекли со времени любопытных тифлисских встреч. Конечно, он мог сообщить уже не многое, лишь кое-что, более резко запечатленное. Отдавшись благодарным воспоминаниям о добром князе, я не могу замолчать его рассказы, как своеобразные, как рассказы очевидца. Я занес их в дневник, так сказать, по горячим следам. Записал я тотчас же, как представилась свободная минута по выезде из Усть-Цыльмы на север Печоры в Пустозерск и далее, на печорском Мыцком острове, в деревушке Хавринской, представляющей собою недавний выселок из слободы. Это был один из тех, на которые охотливы устьцылемы, населявшие малыми починками, превратившимися потом в небольшие деревеньки, все более или менее значительные и подходящие притоки Печоры. В Хавринской всего два дома, да два таких же остались назади в некотором расстоянии. В выселках Усть-Цыльмы засевают жита (ячменя) пудов по десяти на душу, да по пуду ржи, но держатся на своих местах больше промыслом, — давят петлями рябчиков, ловят рыбу:

— "Живем все больше рыбкой; не сами себя кормим, Бог нас кормит. Когда у нас пола мокра, так и брюхо сытое".

Иные в щельях (каменные кручи, отсечены на речных берегах, от которых и большая часть названий тамошних селений) ломают брусяной камень и эти точильные брусья продают чердынцам по 15—20 коп. за пуд. Бруса в щелье много, лишь бы покупали.

О Марлинском (А. А. Бестужеве) князь Палавандов передавал мне известную легенду, сложившуюся на Кавказе и облетевшую всю Россию, когда имя романиста повсюду гремело и он был любимцем всей читающей публики.

— Живя в Тифлисе, числился Марлинский рядовым, но не служил. Все его любили. Постоянно ходил он в венгерке, жил вместе с сумасшедшим братом. Ему разрешено было писать и печатать, но не иначе, как под псевдонимом Марлинского. По настоянию какого-то негодяя-полковника Паскевич вскоре услал его на Кавказ в горы, в действующие войска. По самым верным, слухам, там полюбили его мирные черкесы, и трое из них дали возможность собраться и проводили в горы. Что там с ним сталось — в Тифлисе не было известно.

Всех яснее напечатлелся в памяти Евсевия Осиповича, конечно, образ нашего великого поэта.

— Наша грузинская аристократия любила блеск и пышность. Ради удовольствий готова была разориться (что и случалось при князе Воронцове). Роскошничала сломя голову, невоздержно, с увлечением. При этом не только не лишена была чванства, но считала за честь кичиться княжескими титулами. Ведь и в самом деле многие роды вели свое происхождение прямо-таки от царей Вахтанга V и Георгия. Внуков последнего, отдавшегося России со всею страной в 1800 году, особенно ласкали и баловали. Попасть в княжеские дома нелегко было, разве уж тот человек был близок по родству или другим связям с главнокомандующим. Можете вообразить себе, какой роскошный пир приготовили в Тифлисе в честь нового наместника, графа Паскевича! За почетным обедом, между прочим, для парада прислуживали сыновья самых родовитых фамилий в качестве пажей. Так как и я числился в таких же, то также присутствовал тут. Я был поражен и не могу забыть испытанного мною изумления: резко бросилось мне в глаза на этом обеде лицо одного молодого человека — я его как сейчас вижу перед собой в подробностях. Он показался мне с растрепанною головой, непричесанным, долгоносым. Он был во фраке и белом жилете. Последний был испачкан так, что мне показалось, что он нюхал табак (князь Палавандов особенно настаивал на этом предположении). Он за стол не садился, закусывал на ходу. То подойдет к графу, то обратится к графине, скажет им что-нибудь на ухо — те засмеются, а графиня просто прыскала со смеха. Эти штуки составляли потом предмет толков и разговоров во всех аристократических кружках: откуда взялся он, в каком звании состоит и кто он такой — смелый, веселый, безбоязненный? Все это казалось тем более поразительным и загадочным, что даже генерал-адъютанты, состоявшие при кавказской армии, выбирали время и добрый час, чтобы ходить к главнокомандующему с докладами, и опрашивали адъютантов о том, в каком духе на этот раз находится Паскевич. А тут — помилуйте!— какой-то господин безнаказанно заигрывает с этим зверем и даже смешит его. Когда узнали, что он русский поэт, начали смотреть на него, по нашему обычаю, с большею снисходительностью. Готовы были отдать ему должное почтение как отмеченному божьим перстом, если бы только могли примириться с теми странностями и шалостями, какие ежедневно производил он, ни на кого и ни на что не обращая внимания. Всего больше любил он армянский базар — торговую улицу, узенькую, грязную и шумную. Узка она до того, что то и дело скрипучие арбы сцепляются с вьюками на верблюдах. Из одного дома в противоположный, стоящий по другую сторону улицы, протянуты веревки и на них просушивается белье. Улица живет в открытую: лавки и мастерские все настежь. Чуть не на самом тротуаре жарят шашлыки, готовят кебабы; на глазах всех проходящих открыто бреют татарам головы, чинят штаны, вышивают шелками по сукну. Отсюда шли о Пушкине самые поражающие вести, там видели его, как он шел, обнявшись, с татарином, в другом месте он переносил открыто целую стопку чурехов. На Эриванскую площадь выходил в шинели, накинутой прямо на ночное белье, покупал груши и тут же, в открытую и не стесняясь никем, поедал их.

Из Тифлиса езжал он и подолгу гащивал в полковой квартире Раевского, откуда привозили подобные же вести: генерал принимает подчиненных в мундирах, вытянутыми в струнку, а из соседней комнаты в ночном белье пробирается этот странный человек, которого по всем правам обязаны почитать. А он вот этого-то самого от наших грузин и не хочет, несмотря на то, что все хорошо знали, что он народный поэт. Не вяжется представление: не к таким видам привыкло. Наши поэты степеннее и важнее самых ученых. Поэт должен сидеть больше дома и, придя в гости, молчать, он обязан, ценить каждое свое слово на вес золота и на площадях и на ветер речи свои не выпускать. Каждое его изречение непременно должно выражать собою практическое правило, и чем лучше и красивее та форма, в которую оно облекается, тем поэт почетнее и уважение к нему больше. Надо это видеть у мусульман, например, у персов, особенно по большим праздникам, когда целою компанией - являются к почетным людям с обязательным поздравлением все эти улемы и муллы. С непривычки подумаешь, что это рассажены статуи или языческие боги с поджатыми ногами — до того они степенны и неподвижны. Кажется, не волнуют их подставленные под нос подарки, не смущают сладкие и лакомые угощения. Если и новый гость войдет в это время, они, по-видимому, и на него не обращают никакого внимания. Ни один не изменяет себе предательскою чертой на лице в сосредоточенности помыслов даже и тогда, когда понесет под мышками и в руках предложенные ему подарки. А тут — помилуйте! — совсем наоборот: перебегает с места на место, минуты не посидит на одном, смешит и смеется, якшается на базарах с грязным рабочим муштаидом и только что не прыгает в чехарду с уличными мальчишками. Пушкин в то время пробыл в Тифлисе в общей сложности всего лишь одну неделю, а заставил говорить о себе и покачивать многодумно головами не один год потом. Это я очень хорошо помню.

Кстати, князь вспомнил также и эпиграмму на капитана Борозду[20] и, полагая ее неизвестной, повторил с комментариями, рисующими личность, с той поры всем известную.

Совсем другое впечатление произвел тезка Пушкина, А. С. Грибоедов, бывший в Тифлисе гораздо больше, но раньше его.

— Я,— говорил князь, — как теперь вижу его большие выкатившиеся глаза и умные беседы, которыми он очень очаровывал, будучи радушно принят во всех лучших домах. Он — секретарь персидской миссии, он недавно исполнил поручение — переселял армян в Россию, он — чиновник по

---

[20] капитан Борозда — имеется в виду приписываемая А. С. Пушкину эпиграмма:

*Накажи, святой угодник,*
*Капитана Борозду...*

дипломатической части при великом Ермолове, — чего еще больше? Когда арестовали Рылеева, в его бумагах нашли письма Грибоедова. Ночью тайно схватили его и увезли в Петербург. Он успел оправдаться и вернулся назад с рассказами. Шепотом толковали о том, что в Петропавловской крепости сидел он, отделенный дощатою перегородкой, рядом с тем жидом, который держал по подряду почту для сношений южного общества соединенных славян с северным петербургским тайным обществом. Жид до того явно трусил, что неистовые порывы его оробелого духа не только были слышны, но и надоели соседу. Он стал высказывать всем свое твердое намерение написать комедию "Жид в тюрьме". Исполнил ли?

Перед близкими людьми Грибоедов шутливо оправдал свою невинность и непричастность к заговору тем, что написал "Горе от ума" с прозрачными намеками, которые не умели-де понять, а в Чацком могли бы заподозрить любого либерала из вернувшихся из-за границы молодых гвардейцев того времени... Аббас-Мирза... знаменитый тем, что оставил по себе 26 дочерей и 24 сына, также и тем, что бесплодно и безнадежно старался водворить в Персии европейское образование, получил за последнее стремление от Грибоедова похвальные стихи, написанные на чистом фарсидском наречии, и наградил его орденом Льва и Солнца {Здесь в сообщении князя неточность: Грибоедов был награжден этим орденом 2 степени за переселение армян из Персии в Россию. (Примеч. С. В. Максимова.)}. По возвращении в Тифлис Александр Сергеевич выпросил у Паскевича позволение жениться. Ему, на счастье, досталась красавица Чавчавадзе, за которую раньше сватался племянник Ермолова, но суровый и строгий генерал не любил, чтобы в боевой армии его находились женатые офицеры, а потому не позволил и расстроил брак. Вот почему и уцелела для Грибоедова эта красавица, Нина Александровна, которую он и увез с собою в Тегеран, отправившись туда посланником и на смерть. Сестра его желала иметь землю с могилы брата, и я ее в мешочке вручил ей в Москве, через которую провожали меня в ссылку, в финляндские батальоны.

Евсевий Осипович Палавандов действительно был в опале и ссылке, обвиненный за участие в заговоре, о котором собственно весьма мало известно, но организация которого не лишена интереса. Сам участник не любил об этом рассказывать (о чем меня раньше предупреждали все). Не вспоминал он и не сетовал даже на то суровое время, которое привелось ему провести в исправительных финляндских батальонах, отличавшихся не только строгостью, но и жестокостью в обращении с жертвами дисциплинарных взысканий. Мне еще в Архангельске объясняли:

— Незлобивый, добрейший человек вычеркнул из своей ссыльной жизни эти годы и постарался забыть о них, так что если когда неосторожно доводилось коснуться этого вопроса, он вздрогнет, вскочит с места, начнет ходить из угла в угол и впадет в такую меланхолию, что его уже и не расшевелишь целый день. Ни слова против, ни обличительного звука, как будто ничего этого не бывало и никакой Финляндии не существует, а есть вот прямо перед глазами облюбленная им Печора и застилающаяся в памяти милая, родная, роскошная и цветущая Грузия.

— Мне доводилось, — рассказывал мне сам Евсевий Осипович, — во время прогулок по полям прилечь от усталости на траве, где посуше. Я всматривался пристально в цветки и находил даже мелкие розы, едва поднявшиеся от земли, но распустившиеся. Видел я другие цветки, которые напомнили мне родину. Здесь они не поднимают головок над травой и, скрываясь в ней, ни для кого не видны, а потому и считаются несуществующими или несоответствующими климату и почве. На другой день я приходил на те же места, ложился, высматривал те цветы и уже не находил их: они цвели не вчерашние лишь сутки, а может быть, всего-то несколько часов. Я был счастлив, что уловил эти мгновения. И на Печоре светит то же солнце, что и над Грузией... Напрасно здешнюю природу зовут мачехой, несправедливо весь край считают забытым и обиженным богом! — толковал князь с убеждающею настойчивостью.

Он убеждал, конечно, не без увлечения теперь, на старости, и в этой бедной и далекой стране, куда привели его другие увлечения давно мелькнувшей молодости, которой ему так и не довелось вполне насладиться.

12 сентября 1801 года манифест объявлял всенародно:

"Не для приращения сил, не для корысти, не для расширения пределов и так уже обширнейшей в свете империи приемлем мы на себя бремя управления царства Грузинского; единое достоинство, единая честь и человечество налагают на нас священный долг, вняв молению страждущих, в отвращение скорбей, учредить в Грузии правление, которое бы могло утвердить правосудие, личную и имущественную безопасность и дать каждому защиту закона".

Таков был ответ императора Александра I, вызванный посольством больного и бессильного последнего грузинского царя Георгия (в числе членов посольства был и дядя Евсевия Осиповича князь Елеазар Палаандов). Не было никакой мысли овладеть Грузией, предполагалась одна лишь поддержка страны, в которой все материальные и внутренние производительные силы были подточены внутренней анархией и расшатаны беспрерывными нападениями внешних врагов. Казалось, беспримерная по странностям, неожиданностям и запутанности история Грузия должна была изменить свое течение в благоприятную сторону в мирном и осмысленном направлении. Простой народ единодушно выражал желание вступить в русское подданство и избавиться навсегда от гнета корыстолюбивых царевичей и расточительных цариц, доказывая то очевидными знаками доверия и расположения к новым правителям. Случилось не то, на что имели полное основание рассчитывать.

Царевич Александр убежал в Персию искать там помощи: ему хотелось сделаться царем, и в то же время он не желал ссориться с русскими. Прочие царевичи, привыкшие соблюдать более свою, чем государственную пользу, двуличили не только перед русскими правителями, но и перед своими клевретами. К 1800 году всех царевичей, цариц, царевен и их детей насчитывалось 73 человека. Царицы (Дарья и Мария), представлявшие крупные силы, руководили всеми смутами и интригами, и одна из них дошла до коварного убийства русского генерала Лазарева. Прирожденные многочисленные князья разделились на две партии: одни, жившие безграничным насилием и грабительствами, как манавские, ездили на гору каждый день, поджидая и высматривая царевича Александра с многочисленным войском, злонамеренно подговаривали лезгин к нападениям, чтобы показать народу бессилие русской защиты, и возмущали Кахетию. Другие князья, владевшие деревнями и имевшие свои доходы, были довольны и жили смирно.

На беду, русские правители оказались не на высоте своего достоинства. Князь Цицианов в 1803 году застал уже весьма печальные следы управления, игравшего прямо в руку недовольным князьям и к возбуждению всеми средствами враждебных чувств к России и русскому владычеству. Коваленский с компанией воспользовался данным уполномочием и предоставленною ему властью лишь для того, чтоб обогатить себя и солидно обеспечить клевретов и родственников. Он захватывал без разбора: и земелевыя грузинские имущества, и казенные деньги. Он обирал и победоносные войска, и мятежных князей. Замечательно, что и с удалением его от власти он оставался действующим лицом по части злоупотреблений, и кн. Цицианов не мог помешать ему.

Милости, обещанные манифестом, не быль выполнены. Князья, участвовавшие в присоединении Грузии и, в случае неудачи, обязанные нести свои головы на плаху, остались не только не награжденными, но даже лишились тех отличий и доходов, которыми до тех пор пользовались. Многие же из явных врагов России были награждены или отличиями, или большим жалованьем. В числе обиженных и недовольных очутился и род князей Палавандовых, игравших значительную роль в истории присоединения Грузии и, в большинстве членов, преданных России. В их среде, недовольной и, в самом деле, обойденной и обиженной, вырастал и воспитывался наш Евсевий Осипович.

Он видел, что, вместо обещанной манифестом прибавки князьям чести, их лишили даже пропитания, сообразного титулам и услугам. Он слышал, что велено возвысить честь церквей и епископов на его родине, доныне отличающейся усердием к храмам и богомолениям, а, вместо того, у духовенства отобраны все вотчины и крестьяне. Обещали не требовать с крестьян податей в течение 12 лет, но и это не сбылось. Рассказывалось про необычайные выходки, злобные глумления, смешанные с полнейшим презрением к человеческому достоинству, со стороны наездных и навозных людей. Злоупотребления корыстных чиновников послужили главною причиной тому, что недоброжелательство к русскому правительству из высших слоев населения начале переходить в низшие сословия, в среду самого тихого и спокойного народа, каковым, по справедливости, считаются до сих пор обитатель счастливой Грузии.

Пока молодой князь Е. О. Палавандов получал обычное высшее воспитание — ловко сидеть на коне, стрелять в цель на всем скаку, владеть саблей, успел даже несколько лет прожить в Константинополе (для изучения арабского языка),— в судьбах его родины не произошло перемен к лучшему.

К концу 20-х годов нынешнего столетия царевичи и все грузинское царское семейство были перевезены в Россию, где предоставлены были им возможные почести и вознаграждения. Но многие, "вместо должной признательности за благодетельное спасение их самих и отечества их от явной гибели, питали скрытную злобу или мечтательные надежды, породившие, наконец, повод и к видам преступным". Так было сказано в судебном акте о событиях 1831 года. Из него, между прочим, видно, что молодые грузины, цвет юношества края, получавшие образование в Петербурге, по воскресным и праздничным дням ходили к князю Дмитрию и другим царевичам "отдавать им почесть", навещали их. У Дмитрия явилась мысль к восстановлению самобытности отечества. С другой стороны, князь Окропир (из царевичей же), живший в Москве, задумал (по свидетельству этого же акта) то же самое, без всякого, однако, соотношения к замыслу Дмитрия.

До 1829 года не было видно никаких действий. В этом году Окропир, воспользовавшись разрешением, полученным в Москве, отправился к кавказским водам и, по окончании курса лечения, неожиданно отправился в Грузию. Здесь он сблизился, главным образом, с Орбелиани, сыном царевны Феклы (дочери царя Ираклия), с артиллерийским офицером Элизбаром Эристовым и учителем Додаевым. Они составили правила "тайного дружества", цель которого состояла в том, чтобы внушать молодым грузинам любовь к отечеству и Багратионам (о возвращении их рода на грузинский престол), просить священников молиться о последних, напоминать грузинам их прежнее бытье, вольный доступ к царям и скорую каждому расправу, не изменять народным нравам и обычаям, не говорить о намерениях своих никогда втроем, даже при родных братьях, и проч. Для восстановления грузинского царства (по данным того же акта) предполагалось произвести народное возмущение, овладеть в Тифлисе главными местами, заградить путь через Дарьяльское ущелье, образовать регулярное народное войско, подчиненное избранным начальникам, и продолжать действия против русских не массами, но шайкой. Расчет на успех основывался на вспыхнувшем в то время польском восстании и, вследствие того, на разъединении русских военных сил. Как только пришло об этом известие, заговорщики перезнакомились между собой и соединились в общество в начале июня 1830 года. Князь Эристов, более других пылкий и настроенный и действовавший энергично с князем Орбелиани, соединился с учителем Додаевым и иеромонахом Филадельфом. Орбелиани открыл свой замысел Евсевию Осиповичу Палавандову, "деятельно, однако, не участвовавшему".

Додаев для успеха дела начал было издавать газету, но выпустил лишь 6 листов в 1831 году. Остальные заговорщики вошли в сношение с беглым царевичем Александром, которому Орбелиани приводился родным племянником. Царевича звали прибыть в Кахетию для начальствования войском в видах изгнания русских из Грузии. Царевич, за старостью лет, отказался. Племянница его, дочь брата Юлона, красавица Тамара Юлоновна, старшая сестра Дмитрия, заместив его в Тифлисе, сделалась центром заговора. Молодежь увлеклась ею до самозабвения.

При совещаниях с нею положили подговорить к соучастию офицеров сборного учебного батальона. При слухах о неприязненных намерениях персиян вторгнуться в Грузию и о продолжительности польского восстания произошло некоторое волнение в умах и беспокойства в Тифлисе. Когда Варшава пала и известие о том дошло до Тифлиса, заговор "если не прекратился, то ослаб; общество приняло некоторый вид литературного". По прибытии некоторых сообщников из Петербурга заговор снова устроился, чему благоприятствовала отправка кавказских военных сил в Дагестан против Казымуллы.

Заговорщики начали распространять неблагоприятные слухи и

почасту сходиться у Орбелиани и у Палавандова, жившего в квартире брата (Николая Осиповича), гражданского губернатора, во время отсутствия последнего для ревизии губернии. Рассчитывали сделать нападение на казну, арсенал и магазины, подговорить ссыльных поляков (которых было до 3 тысяч) и разжалованных нижних чинов (каковых числилось в то время будто бы 8 тысяч). Княжна Тамара сначала было струсила, но потом согласилась на бунт и даже на личное в нем участие. Ждали съезда дворян на выборы и в особенности генерал-майора князя Чавчавадзе, который тотчас по приезде в Тифлис и поспешил отклонить намерения молодежи и убедил оставить пустые замыслы.

Произведены были аресты, и барон Розен назначил военный суд. Император Николай I, видя бесплодность и полную несостоятельность заговора, до некоторой степени раздутого следователями, милостиво смягчил приговор суда и меру взысканий, проектированных самим бароном Розеном. Южную кровь более порывистых и пылких надеялись охладить северным климатом. Так Элизбара Эристова увезли в один из архангельских гарнизонных батальонов, учителя Додаева определили в службу нижним канцелярским служителем в одной из северных губерний до отличия выслугой, не прежде, однако ж, десяти лет. Иных отправили в Пермь, других в Вятку.

Изо всех подсудимых 59 получили наказания, ограниченные ссылками на житье под присмотром в дальние русские гарнизоны, города и крепости. Между прочими царевичей Окропира и Дмитрия приказано выслать первого — в Кострому, второго — в Смоленск; княжну Тамару Юлоновну — в Симбирск, Феклу Ираклиевну — в Калугу, а отставленного от службы коллежского регистратора князя Евсея Палавандова, не подвергая суду и не лишая дворянства, повелено определить унтер-офицером в один из полков, расположенных в Финляндии. Всем воспрещен въезд в Грузию на всю жизнь. Остальные из прикосновенных к делу, в количестве 78 человек, освобождены были от всякого взыскания.

Князь Палавандов в 1834 году предстал пред новыми начальствами с аттестацией барона Розена такого рода: "Прежнее поведение его весьма предосудительное, ибо два раза он бежал в Турцию и горы, нравственность его очень неблагонадежная. Вообще, по своему уму, хитрости, пронырству и безнравию, он человек для здешнего края решительно вредный и опасный".

Ссыльный князь оказался полезным для другого края, где постарался начисто исправить свою репутацию и загладить свои вины и увлечения молодости, заменив мечтательные порывы практическими стремлениями и действиями.

По освобождении от солдатской лямки князь был произведен в благородный чин прапорщика, не только дозволявший по регламенту жениться и нюхать табак не из артельной, а из собственной табакерки, но и открывающий дороги во все стороны. Для Палавандова, однако, оказалась одна, не ближе Архангельска, а по прибытии сюда — не дальше Печоры. Не лесничий ученый туда понадобился, а открылось просто свободное место, предназначавшееся в то время обычно офицерам и, вопреки всяким ожиданиям, очень покойное. Туда Палавандова и направили и старались о нем забыть, как забыли и о самой Печоре. Под его наблюдением и попечением очутилось, таким образом, целое государство европейское по количеству квадратных верст, весь Печорский край, находящийся в пределах Архангельской губернии. На севере — моховая пустыня, без меры в ширину и без конца в длину, совершенно безлесная.

— Не смейтесь! — вразумлял меня сам лесничий с обычным ему примирительным взглядом на вещи и пристрастием к стране, гостеприимно его приютившей.— Живет и пустыня. Кажется, все в ней мертво, уныло и убийственно-однообразно. Смерть, дескать, повсюдная смерть! Стелется один ерник да мох, а забывают, что их сопровождает вереск, кое-какие злаки, а по болотным местам не оберешься морошки. На самом сухом бесплодном песке вырастают грибы и рядом с ними самое красивейшее формами земное растение — мох и лишаи. Я не прощу за насмешку и резкое обвинение — и укажу прямо на любимицу модных кабинетов, многоствольную кустарную карельскую березу. Ведь и лиственница растет... Корява, правда, малоросла — не выше полутора сажен, не шире трех вершков в отрубе, а ведь это есть то самое благородное дерево, которое идет на корабли, которое здесь, в окрестностях Усть-Цыльмы, доходит до семи сажен и семи-девяти вершков в отрубе (до нижних сучьев). Мы видим это дерево сплошными рощами, чего в России давно не видать. Этими рощами опушены наши реки и речки. О сосне и елях я уже говорить не стану: добротность и красота их — доказанные.

Добрейший лесничий, в самом деле, увлекался. Ивняк, покрывающий иловатые берега, вместо того, чтобы предохранять их от обнажений летучего песка, свойственного внутренним местностям тундр, настолько бессилен, что вовсе не делает ему предопределенного: Пустозерск засыпан песком чуть не по самые трубы, Усть-Цыльма тоже страдает от него и уже успела пересесть на другое место. По бесплодности и малой глубине почвы, состоящей из сухого белого и красного песка, древесина деревьев вообще плохих качеств. Лиственница дупловата и с другими внутренними пороками, и по большей части перестойная. Лесные участки имеющие мелкую почву, особенно мокроватую, буквально загромождены валежником. Буреломы и ветровалы увлекли за собою и здоровые приспевающие деревья и молодяк. Они не только засорили местность, но и заградили путь вывозки дальнейших лесов, и без того уже в изобилии заваленных колодами. Тут нет ни въезда, ни проезда. О возможности надлежащего надзора и говорить трудно, особенно при той лесной страже, которая называлась конными объездчиками и больше спала на себя, чем работала на казну. Сверх того, следы лесных пожаров бросаются в глаза даже мимоезжим путникам. В самых глухих чащах торчать обугленные остатки большемерныхъ деревьев и только немного мест, где, случайно или по сырости грунта, леса уцелели от огня. Большая компания лесного торга (Крузенштерна) бросила здесь безнадежно капиталы. Настоящий ученый лесничий (г. Боровский) пришел в отчаяние при виде этих лесов, где сотни самых отборных бревен, вырубленных для сплава на выбор, как корабельные, валяются без призора и сгнили до самой сердцевины. По самой Печоре эти самые лиственницы, редко стройные, а более уродливые, выросли на песчаных, довольно высоких буграх. Эти бугры окружают какое-нибудь озерко или глубокую рытвину и издали кажутся укреплениями с башнями.

В таких-то лесах и при подобных условиях привелось быть блюстителем и хранителем добрейшему и мягкому человеку Е. О. Палавандову.

Что ему тут делать, и как тут быть?

Он надел архалучек и отдался на волю Божию и людское произволение.

Идем раз мы с ним вдвоем по улице — навстречу нам парень. Выправивши с груди из-под малицы руку в рукав, он снял с головы пыжицу с длинными ушами и поклонился. Князь пригрозил ему пальцем:

— Хорош мужик — разоритель! Куда мне тебя определить за твою вину?

Тот, остановившись, учащенно кланяется, встряхивая волосами.

— Гулял я по лесу, вижу: лежит дерево лиственницы, великан-дерево, — объясняет князь, обратившись ко мне. — За такое дерево в Петербурге морское министерство шестьсот рублей платит, за границей дадут далеко больше тысячи. Стал доискиваться, допрашиваться, кто рубил. Прямо на тебя, друг, и указали. Рассказывай, как было дело?

Встречный парень не замедлил:

— Поехал я с Матюшкой рыбу острогой колоть, изладились пообедать и увидали эту самую лесину: сколь, мол, она хороша! А Матюшка-то и говорит: "А что, паря, матицы для новой избы ладны будут?" Побежали в лодку за топорами и повалили.

— А не стонало дерево-то, не плакалось, не придавило вас? Вам жаль его было? Что же не вывезли-то его, зачем гнить его бросили?

— Силушки нашей не хватило — трем лошадям в упор. Перли, перли, все плечи изодрали — не поддается.

Заговорил и князь-лесничий:

— Вот он теперь гнить начнет, мохом обрастет — кабы ты об него запнулся да нос себе в кровь разбил!.. Вот и толкуйте с ним! Охраняйте леса от таких озорников, — говорил он мне, а потом ему: — Пойдешь к батюшке, покайся на духу — своровал ведь, да еще и так, что ни себе самому, ни дворовому псу.

— Не изловчишься — не наладишься,— жаловался он мне как-то раз после обеда, в котором обычно сменялись оленьи свежие языки вкусными оленьими губами с хреном и самой вкусной рыбой в свете — пелядью (salmo corregonus, толстая, горбатая спина, тупое рыло, коническая голова, весом до 7 фунтов), сиговой породы. С ними чередовались осетрина из Оби, привозимая из-за Камня[21] ижемцами, и чир (из породв лососков, salmo nasus, сизая спина, горбатый нос, мелкая чешуя, весом 5—10 фун.) местного нароста.

Князь любил поесть вкусно, хотя и умеренно: ему несли все лучшее и любимое им. Никому не продадут, если он не откажется. Не купит князь — "возьми в подарок, сделай милость, Христа ради, из почтения, за великую твою доброту".

— Вот как трудно исправлять должность, — продолжал объяснять добрейший и кротчайший человек.— По верховьям печорских притоков мешаются с елью кедровые деревья, а по самой Печоре их бывает еще больше. В урожайные годы шишек так много, что начинают не только все грызть орехи, а и на сторону продавать. Сбор — бабье дело. Они вот этакого остолопа возьмут с собою, и он, чтоб угодить бабам и понравиться, возьмет да и срубит благородное дерево. Они,

---

[21] Камень — Урал.

мокрохвостые, сядут да и обирают шишки, как морошку рвут. Соберу их, чтобы избранить и застращать, а иная воструха на мои слова и на глазах вынет из кармана орешки и щелкает; назвать-то плод не умеют — зовут гнидами, а щелкают, как настоящие белки, в глазах рябит. И здесь плюнешь и отойдешь прочь.

Не баловство это,— объяснял ответно князь,— а такой неискоренимый обычай, закон какой-то повсеместный. Никакими наказаниями не наладишь. Надо в котлах новых людей вываривать, а старые и наличные все на один покрой и никуда не годятся. Рыбаку нужно щербу (уху) сварить, охотнику на рябах по путикам обогреться — разведут костер, и ни один еще из них огня не тушил. Леса горят во всех сторонах, и летним временем только о пожарах и слышишь. Сгорают огромные площади, конечно, безнаказанно, за неимением средств и рук для тушения. Либо сам пожар перестанет от какого-либо случая, либо набежит огонь на реку, домчится до озера, заберется в гнилое и мокрое болото и не совладает с ним — потухнет. Выбрал я из охотников самого мудрого, степенного человека. Глубоко я его уважал за рассудительность, за солидные и чистые дела, толковал с ним очень долго. Я ему про то, что эти уголья им же на голову, он вникал и поддакивал. Я уж и успокоился, что нашел рассудительного человека, сейчас мы с ним правила начнем сочинять и писать и пошлем их в палату, а то в министерство. Стали сводить к концу, он и говорит: "Напрасно, князь, пишешь!" — "Как же, мол, так?" — "Да тушить огонь, — говорит, — самое пустое дело и труд не в прибыль: Печорский край никогда не может совершенно выгореть!" Сказал он это, да еще ногой притопнул; значит, у них скреплено, и мирская печать приложена.

Разрешивши для себя эту статью таким положительным и безапелляционным способом, Евсевий Осипович обратил свои заботы и внимание в другую сторону. Кстати, от него и не требовали особенных должностных услуг. У него даже вицмундир с зеленым воротником залежался. Управляющий палатой, навестивший его, почувствовал особенную жалость к тем очевидным страданиям, которые испытывал князь, надевши форму и наглухо затянувшись: мундир оказался до того узким, что начал по швам потрескиваться. Постановлено было тогда же совсем не обращаться к форме никогда и быть за всяко-просто, в архалучке грузинского покроя. Князь отбывал ссылку — надо сострадать ему и не беспокоить на месте, обязавшем его совершенно чужим делом. Он успел просиять личными добродетелями, они все и прикрыли, сделав его личность неприкосновенной, от которой нечего требовать, а следует ожидать, на что она, будучи светлой и безупречной, сама соизволит. Да и печорцы, кажется, порешили так. "Леса, стало быть, охранять не стоит, не уберечь их тебе и не оглядеть всю их целину. А вот охрани ты нас, немощных и беззащитных темных людей, в забвённой сторонушке. Поучи, дай совет, как жить да избывать всякие беды, которые, как крупа с неба, не переставая, сыплются. К кому же прилепиться? Кому же поведать печали и у кого искать защиты и доброго совета?"

Зато советам князя охотно следуют самые грубые и несговорчивые люди, решением его все спорщики всегда оставались довольны.

— Батюшка ты наш,— выпевала своим певучим печорским голосом, неблагозвучно растягивая слова, молодая бабенка, при мне без доклада прямо ввалившаяся в горницу.

— И не проси, не пойду,— сразу и решительно отвечал ей князь, знавший всех в слободе не только в лицо, но и с изнанки.— Слышал, что родила, сказывали.

Она ему в ноги — и поползла по полу. Он даже вспыхнул.

— Я покрещу, а ты перемажешь, да наново перекрестишь. Вот тебе (и сунул что-то, конечно, деньги) — и ступай, кумом меня не считай и не зови при наших встречах.

— Церковных всех перекрестил,— объяснял мне хозяин отводной квартиры.— Родом-то он дальный, сказывали, из какой-то теплой, неверной страны, а веры-то русской сызмальства, — рассказывал хозяин, твердо уверенный в том, что и здесь надо подразумевать привилегию как некое чудо, доставшееся в особое исключение перед прочими для их излюбленного человека.— И всякого парнишку по имени помнит,— добавлял он.— На улице встретит — по голове гладит, даст пряник либо калачик. По большим праздникам оделяет деньгами и малых ребят, и все кумовство. Какие получает деньги, все изводит. У него отказу нет. Окажешь ему просьбу, он так и зашевелится. Хочется ему по-твоему сделать, больно хочется — по всему видать, да, видать, у самого на тот час нету. Благодарности не любит, не принимает от тебя — разворчится и не покажется.

Я видел самоеда,[22] который на улице, в глубоком снегу, повалился благодарить за то, что князь отбил от обидчика-зырянина[23] добрым советом двух его важенок (оленей), которых отобрал лиходей за пастьбу на тундре, никому не

---

[22] самоед — ненец.
[23] зырянин — коми.

принадлежащей и до сих пор неудобной к межеванию. Олени этого самоеда просто пристали к стаду зырянина и молодые охотно и долго держались на одном мху, за одним пастухом, с третьегодним приплодом и тем провинились вместе с хозяином-самоедом перед зырянином.

На благодарный поклон князь рассердился и даже ворчал, говоря мне внушительным тоном:

— Глупый-с, очень-с глупый народ, самый несчастный-с!

Вежливая придаточная частица речи, конечно, не была у него дурной привычкой гостинодворских приказчиков галантерейного обхождения. Не чувствовалось в ней и признаков условной, отталкивающей вежливости, и тем менее она обличала собой насмешливость приема больших и влиятельных, желающих уязвить, нагнести, наглумиться над маленьким и подчиненным, чтобы он чувствовал весь яд перемены обычного тона на поддельно-вежливый. Подозревалась здесь благоприобретенная под батальонными пинками и палками простая прикраса обыденной речи ненужным и холодным привеском. Вошла она теперь в обычай, с которым и нельзя уже ему расстаться по привычке.

Словно он вымещал своими искренними чувствами сострадания и участия — спросту, по-христиански — за все то, чем обижали его и что перенес он про себя при старой системе казарменного воспитания и батальонной службы. Во всяком случае, он совершенно погрузился в интересы Печорского края на всем протяжении его в пределах Архангельской губернии, пользуясь всеобщей любовью. Впрочем, более близкие к нему и тонкие наблюдатели замечали, что у него лежало сердце больше на сторону устьцылемов не по ближнему соседству, а вследствие экономических условий их быта (всем было известно, что он бедным слобожанам всегда помогает в покупке дорогого хлеба). Архангельскую Печору, как известно, поделили между собой низовики-пустозеры с верховыми — ижемскими зырянами. Первые — владельцы богатых рыбных ловель и оленьих пастбищ, вторые — владельцы оленей и богачи от замши, мехов и перепродажи соли и хлеба. Устьцылемы, очутившись между двух огней, понесли печальную бытовую участь с очевидными признаками бездолья и бедности. Последняя вынудила их и на выселки по притокам Печоры и породила давнюю непримиримую и нескрываемую вражду с теми и другими, особенно с пустозерами, и указала князю беспокойную роль миротворца, ходатая и хлопотуна.

Выселками устьцылемы не выгадали, попали из огня в полымя. Живущие на притоках находятся в самом жалком положении, не многим лучшем самоедов, вконец обездоленных ижемскими зырянами. Из пятилетних урожаев дает бог один подходящий, когда снимут дозревший хлеб сам-пять. Иные из-за куля бурлачат на Печоре все лето. Между тем заступничество князя уважалось и ценилось в Архангельске: оно лечило временные язвы и починяло случайные прорехи. Самое большое затруднение представляла размежевка озер, чрезвычайно рыбных, из которых в течение зимы налавливается не одна тысяча пудов. В одном только случае удалось князю помирить соседей тем, чтобы они наловленную рыбу: щук, чиров, сигов и нельму (coregnus leucichtus, сигов породы, от 3—30 фунт.) сваливали в одну кучу и потом делили по равным частям между всеми участниками. Ловцы послушались и потом каждый год ходили благодарить князя, что приставил голову к плечам. Искреннее участие его все-таки ничего не могло сделать с вековечной укоренившейся враждой устьцылемов с низовиками.

— Ну вот-с, покажите господину — он свежий, он лучше нас может рассудить,— говорил князь устьцылемским старикам, явившимся с какой-то книгой.

То была старинная, скрепленная дьяком выписка из писцовой книги, где в самом деле указаны были собственностью устьцылемов те острова, шары и виски, которые оттягали у них пустозеры. Оказалось, что князь давно уже возился с этим документом более чем двухсотлетней давности, простодушно уверенный в его законности и святости. Возбудит он пререкания, вызовет перекоры — начнет мирить и соглашать. Спорщики как будто подадутся, и князь для них становится уздою даже в щекотливом экономическом случае поземельного владения. Спорщики и в самом деле помирятся на словах до первой ссоры и драки на межах. Опять они идут к князю судиться, а он снова не скучает с ними толковать про белого бычка. Никак не управятся они все вместе при добром согласии с этой писцовой книгой! И мной остались, конечно, они все недовольны. Остался доволен лишь я сам лично тем, что по этой старинной выписке довелось мне пополнить свой словарей местными названиями живых урочищ. Названия эти из XVII века остались нерушимыми до настоящего времени, но свойственными лишь этому Печорскому краю. Так, например, виска — это пролив из реки в озеро или между озерами (отсюда и название многих печорских деревень), а шар — пролив между реками и между островами в море и рукав той же реки, огибающий остров, летом высыхающий. Курья — заливец из шара, заходящий кутом версты на две — четыре и опять входящий в шар, — это шара шар. У острова бывает хвост и голова. Старуха — не только заветшалая баба, но и покинутое русло, где, однако, воды столько, что можно плавать, а приставив только тот чин, который оберегает стан — становой пристав, но и тот кол, которым, с охранительными же целями, припирают дверь от блудливой скотины, когда уходят на страду. Вот и холуй — название, сохранившееся за великорусским селом, где пишут иконы (во Владимирской губернии), и утратившее там первоначальное значение. Здесь, на Печоре, оно убереглось, оставшись за тем возвышенным побережным местом, куда река течением своим привыкла наносить бугор из щепы, всякого хвороста, цельных деревов и песку. Вот и россоха — каждое из устий, на какие делятся иные реки при слиянии, — словом, все те урочища, которые принимались за границы (и, к сожалению, далеко не все (печорские) попали в прекрасный и обстоятельно составленный труд г. Подвысоцкого: Словарь областного архангельского наречия. Спб., 1885 г.).

— Вот-с, расскажите господину, Марья Савельевна, что знаете,— серьезно и допросливо говорил князь (этим он отвечал на вопрос мой о результатах безвыгодного и тяжелого житья устьцылемов, обращаясь к приглашенной им гостье, себе на выручку, мне на помощь).

Чопорная и полагающая себя умной и действительно знающая обычаи и всякие обряды своих слобожан, Марья Савельевна начала рассказывать. Князь уклонился от очного свидетельства по очевидному неумению или нежеланию говорить о людях худо и произносить тем паче огульные им обвинения.

— Наши слобожане,— истово выпевала рассказчица (в конце

речи возвышая голос и вообще произнося хуже, чем Пустозер),— не очень отягощают себя пьянством, однако же не дадут своей части испортиться в бочке, но и чужое-то не квасят.

Князь улыбается и поощрительно настаиваете

— Говорите-с дальше, хорошо начали.

— Болезнь, кроме горячки и оспы, бывает ворча или отрава, которая единственно происходит от злых людей по ненависти и дотуль доходит, что и смерть получают в скором времени...

— Дальше, государыня моя, дальше! — продолжал настаивать князь и даже ногой притопывал, словно наслаждался певучестью речи почтенной старушки, и выбивал такт, когда она, по местной привычке, к концу фразы возвышала голос.

— Училище? Заводилось училище, но по новым книгам, а потому и не было принято желающими училища по старым книгам для образованности.

Князь потирает руки и улыбается.

Затем шел рассказ о пище, об одежде, о жилищах. Князь настаивал, как будто хотел, чтобы старуха выложила все разом, и снова в такт покачивал головой, когда мне приходилось выслушивать и записывать на память.

Старуха, между прочим, выпевала:

— Но всегда если не на сарафане, по рубашке надет пояс, по старообрядскому поверью, и потерять, либо подарить, либо забыть надеть этот пояс — значит накликать на себя несчастье...— Князь погнал рассказ дальше и догнал его до конца. Старушка допевала:

— И все тому подобное, хлебопашество, скотоводство, рыбна ловля и зверина, и жительство, и язык — все русские, и никаких нет особенностей разных. И есть хотя маленькие ошибочки, но выразить невозможно.

— А вырази! Ты ведь умная и ученая,— перебил князь.

Но она уже, видимо, устала и выкладывала последние остаточки.

— Также и памятников, и болванов, и никаких почетных богов и богинь не водится. Хоша и есть какие-нибудь басни старинные — таперича все оставили, А читают какие-нибудь изданные разные книжки, примерно, Аглицкого Милорда, Францыля Виньцыяна, Еруслана, Бубу (Бову?) и другие прочие. А более не взыщите — скольки знала, стольки я вам и сказала.

Вот и эта патриотка своих мест застилает и заметывает, плетет и нижет, а за занавеску держится и не выпускает ее из рук. Где нужно и когда вздумается, возьмет да и задернет, невзирая на то, что тут-то и открываются самые любопытные виды. Тем не менее, свадебный обряд дозволила она мне записать полнотой. Песенки на голос спела, избы в подробности описала и проделала все это беззастенчиво, самым обстоятельным образом,— конечно, из уважения и угождения князю, при явном расчете на его камертон и на выбор сюжетов. Разумеется, кое-где схитрила, местами умолчала, в другом переврала, затребовала новой поверки и справок в исполнение печорской же пословицы: "Чужая сторона блудясь, спознавать".

На одно особенно не поскупились печорцы — именно в жалобах на врагов своих, ижемцев, не пожалели красок, чтоб обрисовать отношения к тундре, то есть к самоедам и к приращению того бродячего капитала, который в виде оленьих стад гуляет на беспредельном просторе этой самой тундры.

Я еще не добрался до слободы Усть-Цыльмы, как уже успели забежать к князю раньше меня уехавшие с Печорской ярмарки два ижемские богача: Меркул Исакович из Мохчи и Николай Васильевич из Сезябы, с которыми я успел там раньше познакомиться. Они долго выспрашивали у князя, как им поступать со мной и какие держать ответы, как меня понимать и за кого принимать. Прием там сделан был самый радушный, но отличавшийся самой досадной и обидной замкнутостью, дававшей одно лишь подозрение, что ижемские дела в самом деле нечисты и "тундра грехом лежит у них на совести".

По неизменному и испытанно полезному обычаю я и в Усть-Цыльме поспешил познакомиться с местным молодым священником. Он между прочим поразил меня знанием священных текстов, которыми охотно пользовался, вставляя в свою речь во время бесед наших. По его объяснениям, это знание замечено было и его духовным начальством еще в семинарии, и, когда он окончил курс и открылось здесь вакантное место, архиерей Антоний избрал его, признав способным к миссионерской деятельности среди жителей отдаленного края и в раскольничьей слободе.

Интересно было его мнение о князе.

— Господь благовоизволил ему. Оттого и блажен, что он избранник по хотению своему, его же и прия.

— В чем тайна?— отвечал мне о. Павел на прямой вопрос мой.— Грядущего не изжинает. Каждый идет к нему, и всякого приемлет. Как сказал Златоуст в слове на утреню святыя пасхи?

Аще приидет и в девятый час и того милует, и того целует, и овому дарствует, и тому дарует,— говорил о. Павел быстро и остановился.— Впрочем, я всеконечно спутался: один ведь раз в году-то читаем,— говорил он в свое оправдание и затем продолжал:

— Остерегайтесь называть его деяния слабостью к сплетням и всезнание от скуки и праздненного жития — нет! Не сон его по годам стал реденьким, а по великой любви и благодати он заботлив и любвеобилен. С первыми петухами он всегда на ногах. И привычка сделана. Докажу примерами. Живет здешний мужик с достатками такими, что может лежать на печи сколько угодно. У него застоится кровь — начнет стрелять в спину, поясница застрадает. Идет к князю жаловаться. Советует князь в баню сходить. Да он уж и сходил, и отпустило ему, а все-таки лезет. Зачем?— вопрошаю. А вот, чтобы сказать домашним: "У князя был",— как принимал, как потчевал. "Вот, братец ты мой, пришел я к нему, вышел это он ко мне, здравствуй — говорит, руку подал" и т. д. Но о сем довольно беседовать.

Замечательно, что на Печоре подача руки вовсе не считается особым знаком внимания и почета. Кто из приезжих новых людей сам не догадается это сделать, тому печорец первым поспешит сунуть свою мозолистую руку. Этого нет в Поморье, кроме богачей, а на Печоре такой обычай заведен князем и стал всеобщим и похвальным. Каждый тотчас же торопится вытащить руку из широкого рукава малицы и просунуть ее в наружный просов под заскорузлой и торчащей вбок рукавицей, пришитой одним боком к рукавам малицы.

— Продолжаю уподобление,— говорил отец Павел,— и

представляю второй пример. У бабы овечку волки зарезали, отчитывать бы ей по своему требнику, а она также идет к князю. Однако не за деньгами его, чтобы купил, а затем, чтобы поскучать перед ним и поплакаться ему: "Бойкенькая была, два раза волну снимала и чердынцам на деньги продала". Он ее слушает, головой качает и языком причмокивает, того ей и нужно и больше ничего. Слышит и видит она, что он ее жалеет. Тайна сия велика есть. Баба довольна, да ведь и соседки не дадут ей покоя, непременно скажут: "Что скулишь-то? Посоветуйся с князем". Она побывала, поговорила с ним — овца-то у ней словно бы и отыскалась. Велика эта тайна, повторю, не обинуяся. Всматривался я в его деяния: идет он весьма порану гулять по слободе, палкой от собак отбивается и на все имеет прозорливость. Увидит неисправность, постучит в окно палкой и вызовет кого возжелает. Сделает наставление, учит каждого, как поступать, чтобы всем было хорошо и любительно. Любопытствовал я о церковном различии, так как он грузин — никаких мне отмен он не указал. Обнаруживал явственно рачение к молитве и рвение ко святому храму. Плащаницу сам любит выносить из алтаря и храма. К разногласию с раскольниками довольно хладнокровен, как бы не взирая. Вот вы отсутствовали на богоявленской вечерне с водоосвящением (я был на пути в Ижму) — жаль, что не посвидетельствовали, какое бесовское игрище, языческое идолослужение уготовляют шумно и дико на час освящения воды заблудшие слобожане. Верхом на лошадях они скачут по дворам в открытые ворота. В руках у них метлы и валки, суют их и бьют ими с плеча во всяком углу на дворе и в клевах по воздушному пространству. Это они изгоняют бесовскую силу, ибо по учению их потребников токмо в один этот час и возможно делание таковое и имеет вероятие восконечного изгнания нечистых духов. По закоренелому своему обычаю раскола предместнику моему от суеверов этих было весьма худо и не безопасно. Озорничали при встречах, словами оскорбляя духовный сан, и, кто знает, может, усугубляли это и действиями. Князь их смирил и, можно, сказать, возложил на них узду равнодушия. Заключительно скажу: следствия сокровенной тайны, видимые лицом к лицу, неисчислимы.

— Не боитесь вы, что они произведут князя при жизни во святые?— спросил я.

— Подобные примеры в житиях святых усматриваются. Указываются таковые праведники. Впрочем, возложим хранение на уста до благовремения.

— Ну, вот и слава богу, теперь вы все сами лично видели!— сердечно приветствовал меня князь по возвращении из "Ижемцы", не пожелавший прежде поделиться своими наблюдениями и выводами над этим живым и самым жгучим вопросом Печорской страны.

— Теперь от себя прибавлю,— говорил князь.— Спаивают, всю тундру со всеми стадами на вино выменяли, за чарку — шкурка. Долгами так опутали, что водворили полное крепочтное право. Однако не все... Это только худшие из них так делают. Прочие все, как люди — хорошие люди. Сами видели — набожные, хлебосольные, предприимчивые, бережливые и — поверьте мне!— с хорошей нравственностью. Все это есть и у пустозеров. Нет только этой скаредности, стремления к наживе, излишней заботы о своих пользах. Вместо них, видели: любят пустозеры жить просторно, полакомиться и других угостить. Бабы щеголяют.

Князь пошел на откровенность:

— Устьцылемы замкнуты в себе, не гостеприимны, чуждаются людей, да и ленивы, а бабы только и умеют вязать чулки да перчатки. Зато нет аккуратнее в расчете с долгами. Без чердынцев они погибли бы...

Свидание это было последним на тот третий раз, когда снова приходилось проезжать мимо Усть-Цыльмы в полное подкрепление той истины, что мимо князя никак не проедешь, куда бы в самом деле ни сунуться — на юг или север. Не мне первому оказывал он всевозможные услуги и помощь. В одном случае его жизни довелось ему быть даже спасителем от серьезной опасности молодого ученого Кострена, изучавшего здесь родственные языки его финляндской родины. Суеверные устьцылемы, по какой-то странной огласке, сочли его за колдуна. Другие признали его за поджигателя, третьи уверились в том, что он лекарь, отравляющий колодцы. На беду сам Кострен имел привычку гулять ночью. Дело обсуждалось в волостном правлении, именно в том смысле, что им делать с чародеем. Два раза уже останавливали ученого на дороге, но князь не велел этого делать и умел разъяснить, что за дикая птица этот приезжий. В одном доме тряслись половые доски, на которых между прочим стоял ушат с водой. По забавному случаю свалилась с печи малица, рассыпалась вязка дров, заколыхалась вода в ушате. Тут, наверное, засел черт, и посадил-то его этот самый наезжий чародей!— порешили печорцы. Надо было догадаться проделать опыты над трясучим полом при всех и видеть, как у суеверных зачесались затылки, но не исчезли с лица косые взгляды на финляндского колдуна. Поверить — не совсем поверили, но разошлись добром и по согласию.

По-прежнему я нашел здесь на обратном пути со стороны Евсевия Осиповича предупредительную заботливость. Он прислал ко мне с моржовыми клыками и посками и мамонтовыми рогами продавца по ценам, установленным чердынцами: клыки подешевле, рога подороже, поски даром, курьеза ради, с приобщением о них архангельского анекдота (неудобного для печатного рассказа). Принесли в подарок курьезные каменные ядра с уверением, что они отваливаются от какой-то горы в тундре именно в этой поразительно правильной обточенной форме шаров. Оказалось, что князь заботливо относится ко всевозможным произведениям края, лежащим в неизвестности и еще не имеющим сбыта в значении продажного товара. Он пытливо допытывается у всякого заезжего о возможности применения известного сырого продукта. Он как приехал сюда, так и завел огород: насажал свеклы, редьки, моркови, гороху и, между прочим, картофеля. Дело небывалое и невиданное в слободе; крестьяне посмеивались. На картофель искоса поглядывали, прослышавши, что та овощь недобрая и в старых книгах проклятая. С князем принимались спорить, возражали ему:

— Что нам из картофи, да и кто добрый человек будет ее есть? Коли уж сеять, так лучше же репу.

Князь высеял картофель в поле, осенила его благодать — уродился порядочным. Сеятель и насадитель переупрямил — теперь картофель и овощи стали выручать голодную страну, и огородничество оказалось важнее хлебопашества. Благодетель выписал свежих семян и раздарил охотникам. На следующий год они пришли и поклонились князю до самой земли. В одном князь не был счастлив: не сладил с бабами, настаивая на том, чтобы они покупали у чердынцев лен и ткали бы холсты.

— Не умеем, матери не учили нас ни ткать, ни прясть, — упрямо отвечали ему с привычным припевом.

Добродетельный человек не уставал, он уже успел дать ход гагачьим шейкам, покупаемым теперь на Пинежской ярмарке для выделки из них очень оригинальных, прочных и красивых дамских муфт. Сам он из них сшил себе пестрый широчайший плащ, непромокаемый и отличавшийся сверх того еще тем, что сизые с отливом, испещренные беленькими бородками в таких же квадратах шкуры эти от дождя и снега становились еще красивее и сизее. Шила плащ самоедка, по обыкновению, оленьими жилами на вековую прочность, принявши за выкройку широчайший капюшон княжеской шинели военного покроя. Мне плащ понравился, и я мимоходом его похвалил. Когда я сел в сани, чтобы ехать по льду Печоры в обратную, князь прислал слугу с мешком, принятым мною как последний и обычный знак гостеприимства. Мне думалось, что добрейший человек позаботился снабдить меня съестной провизией на время четырехдневного переезда по голодной Тайболе с курными и неприступными избушками — кущнями. На реке Мезени в мешке оказался тот самый плащ, который практически служил на Печоре князю, а для меня лично являлся лишь редкостною вещицей на память и для подарков.

На тот раз снова цельно выяснилась маленькая фигурка большого человека в полном величии той изящной простоты, которая так гармонировала и пришлась по мерке с изумительной патриархальной простотой нравов жителей Печоры. В их глазах, в самом деле, князь оказался и образцово набожным человеком, соответственно племенному характеру, как грузин, и святым, безгреховным человеком — по личным свойствам. Он заслужил чрезвычайное почтение еще при жизни, которое, несомненно, должно перейти за пределы его подневольного временного пребывания на далекой реке и перенесется на его могилу. Невольно припомнились мне и могила Киприана в окрестностях той же Усть-Цыльмы, пострадавшего в XVII веке за приверженность к расколу, и сомнительное место погребения знаменитого Аввакума с четырьмя товарищами, сожженными живьем в Пустозерске. Песком с их могил лечатся от сердитых недугов и ходят сюда для поклонения. Если жива и действительна их память, то, по некоторому сходству участи, не откажет в том же благодарное печорское население неподкупному охранителю их прав, заступнику за их интересы и, несомненно, добрейшему человеку. Выяснился передо мной и тот разительный контраст, который оказался между этим победителем душ и сердец и теми поморскими благодетелями, которые подвели под свою тяжелую руку беззащитную бедность страхом отказа в помощи, денежной кабалой, требованием перемены веры и смены обычаев, перекрещиванием, насилованием совести и другими недобрыми делами.

На этот раз опять предстала передо, мной эта высокая в нравственном смысле личность, скромными, неслышными способами получившая широкую известность. Прошлой весной одно из влиятельных лиц, отправлявшееся на Печору с важными поручениями и обратившееся ко мне за сведениями, упомянуло об Евсевии Осиповиче Палавандове и пожалело, что уже не может воспользоваться его услугами и благотворной помощью. Когда последние для меня оканчивались досадным сроком поездки и надо было благодарить и прощаться, я решился задать князю тот вопрос, который он искусно сдерживал до сих пор — вопрос, невольно напросившийся в последние минуты свидания:

— Когда же вы, князь, соберетесь наконец оставить Печору и решитесь переменить худшее на лучшее?

Известно было, что не один раз ему предлагали на выбор любое место лесничего во внутренней России, даже в теплой Малороссии, только не за Кавказом, но он упорно отказывался.

— Зачем?— отвечал Евсевий Осипович и мне вопросом, как, вероятно, делал и при формальных запросах служебного начальства.— Печора дала мне все, что не дала бы мне и родина. Здешний прелестный климат на старости лет закалил меня таким здоровьем, что могу даже отбавить другим желающим. Таких людей, как здесь, мне уже нигде не найти. Нет, не могу вам сказать: до свидания,— прощайте навсегда, до возможной встречи там, на небесах, в будущей жизни. Ведь, я верующий!... Для меня уже давно и бесповоротно сложились все мои желания надвое: либо на родину — в Грузию, в Тифлис, либо здесь — на Печоре, в Усть-Цыльме, продолжать жить и здесь же умереть.

В Усть-Цыльме, на церковной горушке, действительно насыпана могила князя рядком с теми многими, для которых Он посвятил все слишком двадцать последних лет своей безупречной и небесследной жизни. На старом церковище остался небольшой холм: все размыло и унесло напором реки. Новое место настолько уже надежно и прочно, как самая память о незабвенном благодетеле забытого и заброшенного края.

# БЕРЕСТЯНАЯ КНИГА

Береста, собственно верхний светлый слой, наружная оболочка березовой коры, имеет, как известно, огромное приложение к практической жизни простого русского человека. Он представляет легкий, подручный и удивительно пригодный материал под названием скалы для растолок печей, теплин на пастбищах, овинов по осеням, на исподнюю покрышку кровель вместо леса, под тес на обертку комлей столбов для охраны от гнилья и проч. Береста, с другой стороны, служит дешевым и удобным материалом для разных поделок, необходимых в домашнем быту. Если следовать строго систематическому порядку постепенности в описании всех практических применений этого продукта, имя которого стоит в заголовке этой статьи, то как на первообраз этого применения можно указать на те самоделки-ковшички, которых так много плавает во всех придорожных ключах для услуги утомленного летним зноем путника, не всегда запасливого, хотя подчас и сметливого. Второй вид применения бересты, естественно, тот сосуд, который так пригоден и в дальних странствиях на богомолья, и в ближних на страды и годовые праздники и в котором пригодно держится в деревнях и сотовый мед, и густая, вкусная брага, в котором, наконец, привозятся в столицу национальные лакомства, будет ли это уральская икра, или лучший вятский (сарапульский) мед, или даже каргопольские соленые рыжики и ярославские грузди. Сосуд этот зовется бураком в средней и южной части России и туезом по всему северу и по всему сибирскому краю. Ступанцы — те же лапти;

только не липовые (не лыковые) и не веревочные шептуны, служащие простому народу вместо туфель,— всегда целыми рядами видны в любой крестьянской избе под печными приступками подле голбца, плетены всегда из лент бересты. Ступанцы эти как туфли надевает и баба, идущая из избы загонять в загороды коровушек и овечек, и мужик, которому надо проведать коней, наколоть дров, накачать воды из визгливого колодца. Берестяные же плетушки-сdoesn't... плетушки-саватейки, содержащие внутри себя всю необходимую подручную лопать (одежду и белье), торчат сзади, на спинах всех тех странников — калек перехожих, которых можно видеть значительными толпами и по Троицкой дороге за Москвой, и в уродливых лодьях на Белом море между Архангельском и Соловками. Они же торчат и за плечами бродяг, толпами идущих из Сибири в Россию, с каторжной неволи на лесное и степное приволье. Из той же бересты сшивают тунгусы конскими волосами свои летние юрты — урусы. По Ветлуге (в Костромской губернии) береста породила новую и довольно значительную отрасль промышленности: там из бересты гнут круглые табакерки-тавлинки, которые, с фольгою по бокам и ремешком на крышке, обошли всю Россию, удовлетворяя неприхотливому вкусу небогатых нюхальщиков. Один из умерших уже в настоящее время мастеров своего дела в первых годах настоящего столетия в одном из дальних и глухих мест нашей России делал для себя и по просьбе коротких знакомых целые картины и портреты, вырезая и оттискивая их рельефом на той же бересте.[24] На этом, по-видимому, и должна остановиться

---

[24] Автор этой статьи видел два портрета его работы, замечательные по чистоте, оригинальности отделки и по разительному сходству; портреты фельдмаршалов Кутузова-Голенищева-Смоленского и

всякая иная попытка к усовершенствованию и дальнейшему приложению такого грубого, но прочного материала, какова береста. Но мне удалось в мезенских тундрах найти новую редкость, указывающую на то, что береста может служить материалом для составления целых книг, и если не вовсе может заменить бумагу, то, во всяком случае, и легко, и удобно служит заменою ее в крайних случаях при ощутительном недостатке.

Живущие в тундре (в оленях, говоря местным выражением) по целым годам удалены бывают от людей и всякого с ними сообщения за непроходимыми болотами летом, глубокими и непроезжими снегами — зимою. Скитаясь, по воле и капризам оленей, с одного места на другое, живущие в тундрах (даже и русские) привыкают к однообразной жизни и разнообразят ее только охотой с ружьем, с неводами, с капканами и проч. Но бывает и так, что судьба и обстоятельства загоняют в тундру и тех из русских, которые привозят с собою грамотность, так значительно развитую в тамошнем краю, забывая часто бумагу. Изредка (в год — в два раз) наезжающие из Городка (Пустозерска) по пути на пинежскую Никольскую ярмарку привозят с собой только чай, кофе и сахар; предметам письменности тут нет места. Между тем темные осенние и зимние ночи с коротеньким просветом способны нагонять и на привычного человека тоску и скуку, которые были бы безвыходны, если бы и здесь не явились на помощь грамотность и уменье писать.

Из пережженной березовой корки делается клейкая сажа, которая, будучи разведена на воде, дает довольно сносные

---

Барклая-де-Толли, вырезанные художником в 1820 г. (Примеч. С. В. Максимова.)

чернила, по крайней мере, такие, которые способны оставить очень приметный след по себе, если и обтираются по верхнему слою. Орлы и дикие гуси, которых много по тундре и которым трудно улететь от меткого выстрела привычных охотников, дают хорошие перья. А вот и подручная, всегда удобно обдирающаяся по слоям береста, которую можно и перегнуть в страницы и на которой можно писать и скоро и, пожалуй, четко.

Беру отрывок из путевых заметок, и именно то место, где вписались подробности приобретения этой редкости.

...Едва только аргиш {Аргиш — поезд в 5—10 санок оленьих. Чунка — санки с высокими копыльями и оленьей веревочной упряжью. (Примеч. С. В. Максимова.)} наш успел остановиться, олени повернулись в левую сторону и стали, как вкопанные. На крыльце высокого, по обыкновению, двухэтажного дома показался человек, окладистая седая борода которого, резко отличаясь от серого воротника оленьей малицы, бросилась в глаза прежде всего и необлыжно свидетельствовала о том, что борода эта принадлежала самому хозяину. По обыкновению высокий и широкоплечий, старик этот не представлял, по-видимому, ничего особенного: та же приветливая полунасмешливая улыбка, свидетельствующая о том, что старик рад нежданному гостю, та же суетливость и предупредительность в услугах, с какими поспешил он отряхнуть прежде всего снег с совика и с какою он, наконец, отворил дверь в свою чистую гостиную комнату, приговаривая:

— Просим покорно, просим покорно! Не ждал, не чаял — не обидься на нашей скудости. Милости просим, богоданный гость!

Все, одним словом, по обыкновению предвещало и впереди тот же неподкупно-радушный прием, с каким встречает русский человек всякое новое лицо — нежданного, потому, стало быть, еще более дорогого гостя.

Старик и в комнате продолжал суетиться: помогал стаскивать совик, советовал поскорее сбросить с ног пимы и липты {Пимы — сапоги, а липты — чулки из оленьего меха, преимущественно из камусины или шкуры, снятой с оленьих ног. (Примеч. С. В. Максимова.)}, тащил за рукава малицу, вытребовал снизу старшего сына, такого же рослого и плечистого богатыря, и велел ему весь этот тяжелый, неудобный, но зато страшно теплый самоедский наряд снести на печь и высушить.

— Чай, не свычно же твоей милости экую лопать-то на себе носить, тяжело, поди!

— Ничего, старичок, попривык!

— Тепла ведь, больно тепла, что баня! Озябли эдак руки-то — спустил рукава да и прячь их куда хочешь, под мехом-то им и не зябко. Затем и рукава под мышками мешком, пошире делают. Мы вон малицу эту и по летам, почесть, не скидаем — все в ней.

— Надевать-то уж очень трудно, видишь, с полы надо, как стихарь. Распашные лучше по мне, а то чуть не задыхаешься!

— Да уж надевать, знамо, привычку надо: мы так вон, просунем голову — и был таков! У вас ведь там, в Расее-то все, слышишь, распашные.

— Все распашные: тулупы, полушубки, шубы, шинели, пальто.

— В наших местах они не годятся — не устоят! У вас тянут ину пору такие холода, что нали руду[25] носом гонит, а дышим так все под ту же малицу, весь в нее прячешься, и с носом, и с глазами — такие страшные холода стоят! А вот ведь без оленьего-то меху что ты поделаешь?

— Теплый мех, старичок, очень теплый и мягкий такой, а, пожалуй, и не слишком тяжелый.

— Одно, вишь, в нем нехорошо: мокра не терпит — промочил ты его в коем месте, так и нарови скорее высушить, а то подопреет мездра и всю шерсть выпустит: не клеит, стало, не держит! Ну и дух дает тоже... Шевелись же, ребятки, шевелись, давай самовар поскорее!— прикрикнул он на своих сыновей, из которых трое были налицо и тоже пришли посмотреть и поклониться новому, незнакомому человеку.

Явился самовар, против обыкновения, довольно чистый и, по обыкновению, большой — ведра в полтора. Старик, предоставив старшему сыну распоряжаться чаем, сам скрылся и пришел уже в синей суконной сибирке, по-праздничному, и с бутылкою вина в руках.

— С холодку-то, ваше благородье, ромцу не хочешь ли? Способит. Из Норвеги возят наши поморы. Хорошее вино, не хваставшись молвить, из Слободы в редкую чиновники наезжают — хвалят.

Два сына явились, между тем, с тарелками, на которых насыпаны были общие поморскому краю угощения: на одной медовые пряники, на другой кедровые орехи, на третьей баранки.

---

[25] руда — кровь.

Начались потчеванья, раза по два, по три, почти через каждые пять минут.

— Спасибо, будет, взял уж, будет с меня!

— Бери, ваше благородье, не скупись: добра экого у нас много: у чердынцев, почесть, возами покупаем на целый год. Орешки-то вон, эти на бездельи очень забавны. Дела-то ину пору нет, скламши-то руки сидеть несвычно — возьмешь вон этих орешков — щелкаешь их помаленьку, ан, словно и дело делаешь, а время и идет тебе не в примету. Прекрасная забава!

Началось угощение чаем, густым, как пиво, но старик не с того начал:

— Садись, ваше благородье, вон под образа-то, сделай милость!

— Спасибо, старик, все ведь равно, мне ловко и здесь!

— Нет уж, сделай милость, садись в передний угол, не обидь!

— Не хлопочи, старик, и здесь также хорошо: стакан есть куда поставить...

— Нет, да уж ты не обессудь нашу глупость, садись в большое место — гость ведь... У нас, твоя милость, таков уж извеков обычай — коли и поп туда засел, да нежданный гость пришел на ту пору — мы и попа выдвинем. Нежданный гость — почестей гость! Да что это я твою милость не спрошу, как тебя величать-то? Благородный ты или высокоблагородный?

— Все равно, старик, как хочешь.

— Нет уж, коли есть разнота эта, почто не по-нашему?

113

— Имя ведь есть у меня, а то зачем нам чиниться: в гостях ведь я у тебя, не следственные допросы отбираю?

— Да ведь как кому? Новой (иной) вон и обижается, коли не чином его взвеличаешь — оговаривают. Так уж и зовем всех высокоблагородными — и не обижаются. Как же имячко-то твое святое?

— Сергей, старичок!— Слышь, Мишутка, поищи-ко там у меня в акафистах акафист Сергию Радонежскому да положь там к божнице!— обратился он к одному из сыновей и потом ко мне:

— Ужо на молитву к ночи встану, прочитаю. Его, стало, святыми молитвами мне бог ноне гостя послал, он вымолил... Когда имянинник-то бываешь, по лету али по осени? Родился-то на этот день али пораньше? Тропарь... постой, тропарь-то ему как? Да, "Иже добродетелей подвижник, яко истинный воин Христа-бога", знаю. Да, великий был постник, великий подвижник и воин по Бозе: еще был в чреве матерне — три раза проглаголал в церкви, по рождении в пятки и среды не вкушал матерняго молока в знак великого своего постничества, от мира бегал и в пустыне водворихся, чаях бога спасающего от малодушия и бури житейския,— продолжал как бы про себя рассуждать старик, подтверждая то мнение, которое составилось о нем и в ближних и дальних местах печорского края. Говорили, что старик читает много и знает много, что такого книжника не найти нигде во всем архангельском краю, что он самый сведущий из той семьи стариков, почти вымершей в настоящее время, которая, состоя при Соловецком монастыре в обязанности штатных служителей, знала церковный устав лучше монахов, образовывала клиросный хор. К опытности этого старика обращался первый архимандрит, составивший певческий хор из монашествующей братии, до того не участвовавшей на клиросе. Но главное, что особенно могло влечь к беседе со стариком, это именно то, что он знал много о старине архангельского края, тщательно собирал и берег, как зеницу ока, старину эту и в памятниках письменности — в старинных грамотах, сказаниях, книгах, и был обладателем единственной библиографической диковинки; о которой, ходили какие-то смутные слухи. Старик показывал ее только коротким и близким землякам, но прятал от всякого незнакомого, чужого глаза. Все предвозвестия были, вообще, неблагоприятны. Личный опыт был тоже не на стороне успеха в настоящем деле: архангельский люд уже осмотренной западной части губернии доказал на деле какую-то замкнутость и поразительную скрытность в сообщении пустейших даже сведений о своем житье-бытье. На все вопросы у всех был один ответ: "Страна наша самая украйная, у край-моря сидим; люди мы темные, дураки, грамоте и маракует кто, так и то через пень в колоду; рыбку вон сетями разными промышляем; тоже опять суденушки строим, а то мы люди темные, какие уж мы люди — самые заброшенные, никакого начальства большого не видим, рыбку вот ловим, суденушки строим..."

Со стариками-кремнями было еще труднее водить дело: спросить о старине и прямо начать говорить о деле — испортить дело навсегда: он окончательно запрется и станет на одном, что он "человек темный и вести дело с большим начальством иесвычиый, старины придерживается по привычке только, а не со злого какого умысла".

Повсеместный ли раскол, частые ли разыскания беглых из

Сибири в местах беломорских со всеми неблагоприятными, запугивающими острастками со стороны неопытных следователей причиною всей этой скрытности — решить трудно. Можно положительно и наверное сказать одно только, что и будущему собирателю всяческих сведений предстоит такая же неутешительная и обидная трудность, с какою боролся и пишущий эти строки. Одна надежда, единственная возможность услышать кое-что, найти что-нибудь — случайность и крайнее уменье, приноровка к делу. Легче объехать всю почти непроходимую Архангельскую губернию в полгода и в летнюю пору, чем собирать все народные редкости, которыми давно и справедливо славится этот дальний, сплошь почти и без исключения грамотный и толковый край.

С этими же неблагоприятными и неутешительными мыслями и предположениями сидел и я в избе мезенского старика, удивленный и его начитанностью и редким патриархальным порядком, который ввел он в семье своей, напоминавшей всецело добрую, но уже отжившую свои века старинную допетровскую жизнь нашего обновляющегося отечества. Особенно поражало непривычный глаз отсутствие женского пола, чего нигде нельзя встретить, хоть бы привелось объехать всю Россию из конца в конец, заглядывая даже в дальние, глухие закоулки ее.

— Разве вы, старик, живете без женщин?

Старик спохватился, как будто испугался чего-то:

— Нет, мы не такие, как нам можно без женщин? Живем мы по христианскому закону. Ты так и пиши. А то почта без женщин, как можно без женщин?

— Да куда же я буду писать-то, старик?

— Ну да кто тебя знает куда? Известно, уж туда, куда тебе надо. Затем ведь ты, чай, и ко мне?..

— Ты меня, кажется, старик, не за того принял?

— Нешто ты не из земских? Может, из молодых. А каков-таков ты есть — мы и не видывали, да и не чутко, чтобы там на Слободе-то новые были какие. Дали бы знать, коли бы были, есть такие благодетели... Ты не обессудь чаш глупый мужичий разум, сказываем то, что на ум идет, по простоте ведь. Каков же таков ты-то, ваше сиятельство, не в обиду тебе вопрос этот?

Я сказал. Старик придакнул, ребята, сыновья его, насторожили уши.

— Так почто же это тебя послали-то сюда, сказываешь?

— Смотреть вот, как вы живете здесь, чем промышляете...

— Как живем? Да вот по боге живем-то, христианских душ не губим, ты в наших местах и не услышишь этого, хоть все объезжай. Каков вот свет-от божий стоит, не токмо убивства, воровства-то, ваше сиятельство, не слыхать, да и не услышишь. В бога веруем. Троицу святую почитаем и в Сыне и в Духе, в трех ипостасях — все по христианскому закону, как глаголали святые отцы и пророки. А промышляем-то? Да все рыбку промышляем-то, потому — море близко. Хлебушка у нас не дает бог, ячмень — вот туда пониже сеют, да и тот больно плох — одно, выходит, звание. Лес тоже у нас опять жидок, ни на какую поделку не способен; карбасишки шьем, пожалуй...

— Вот за тем-то я и приехал, чтобы посмотреть, как вы и рыбу ловите и карбаса шьете.

— Так! Рыбу-то, вишь, мы ловим сетями такими, неводами зовутся... Семгу, навагу, сельдь вредную попадает тоже. В озерах — по тундре-то нашей много же озер этих живет — щук ловим, окуней, лещей опять... А карбаса вичью шьем — это такое коренье бывает, вичье.

Старик видимо уклонялся от разговоров и дальше во весь день твердил только одно, что сторона их украйная, места бедные, еле концы с концами сводят, что все зависит от моря, даст бог рыбу, даст бог и хлеб — истины, давно уже известные в мельчайших своих подробностях. Ими, и почти слово в слово, начинались все мои прежние беседы с поморами, со стариком не ушли мы и на пядень дальше. Даже известие, что снаряжают также артели за морским зверем на Новую Землю, было для меня вовсе не новостью. От главного, необходимого предмета разговора мы ушли далеко. Старик как будто смекнул уже о цели настоящего моего посещения и как будто старался забить разговор, вводя подчас совсем постороннее и неидущее к делу. Раз я попробовал:

— Слыхал я, старик, что ты человек толковый, грамотный, разные старинные бумаги собираешь?

Старик отвечал на это решительно:

— Почто же это ты взвеличал-то меня, не ведаючи?

— Многие сказывали и все в одно слово.

— Ну, пущай их сказывают: зла я отродясь никому не делывал, все по божьему закону, не изобижал никого. Я не лучше же других, коли не всех еще хуже. Что я? Персть есмь, а не человек, поношение человеков и унижение людей...

— Вот ведь ты и самолюбив же еще старик, хвастаешься.

— Почто хвастаюсь? Не хвастаюсь. Ты вот похвалил на первых порах, а теперь и обзывать. А что этих бумаг старинных — так их у меня и в заводе не было. Нету таких, совсем нету!..

— А про акафисты-то сказывал.

— Ну да вот еще псалтырь новопечатная есть. Принесите-тко, ребятки, показать его сиятельству. Начальник наезжал позапрошлый год — видел и ничего не молвил. Держи, говорит, эту можно. А то какие такие старинные бумаги — нету таких...

— Ты, старик, не думай худа какого!

— Почто думать? Христианская, чай, в тебе душа-то, да вон и сказываешь еще, что не земской. А каких таких тебе старинных, досельных бумаг надо — не знаю; да и нету их у меня. Нету ведь, ребятишки, чего его милость спрашивает?

Сыновья подтвердили, молча кивнув головами.

— Ведь я, старик, не отнимать приехал: есть да покажешь — спасибо, а нет — так ведь не драться же стану.

— Да это точно, что не драться же станешь. Да ведь чего нет, так и не покажешь. Так ли?

— Худа ведь по мне в том нет, старик, что ты держишь старинные грамоты в свитках, сказания, лечебники... По мне это тебе еще делает честь, как человеку толковому и любознательному.

— Вот, ты опять начал! Знамо, худа тут нету, да и добра большого не вижу.

— Добро же в том, что ты знаешь больше другого.

— Да, это точно, что я, мол, как будто бы де и книжник какой! Это точно. А все же ума, поди, не прибудет, коли не дал бог при рождении...

— Ведь правишь же ты семьей, сыновей вырастил...

— Детей-то народить не хитрая штука: и набитые дураки, слышь, умеют!

— А в почтении их к себе держишь?

— Да это ведь батюшки еще покойничка наука, не сам же ведь я придумывал — по готовому ведь! И как же сыну теперича кровному почтение отцу не оказывать? На то я их поил-кормил. Жисти своей, может, половину в них положил, заботился об них. Да отец родной сына убить за непослушание может, и суд не тронет...

— Они ведь тебя и слушают, повинуются, чай!

— Этим что гневить бога: все — в послушании и любви, мирно живем, по всей, выходит, правде божией.

Старик, видимо, попал на живую струну, говорил долго и много. Рассказал он всю биографию и отцовскую, и свою собственную, и каждого сына порознь.

— Ну да ладно, постой-ко ужо! Слышь-ко, ребятки, тащи-ко сундук-от, что с книгами, правой-от.

Такое выгодное для меня, хотя и далеко непредвиденное заключение произошло, по всему вероятию, от внутреннего довольства старика, успокоившегося в своей семье, ступающей каждый шаг по его приказу и указанию.

В сундуке оказалось много старых печатных книг: брюсов календарь, несколько других позднейших, до десятка печатных монографий — житий святых московского издания, так называемых "петушков", письмовников Курганова и т. п., занесенных и сюда, вероятно, владимирскими ходебщиками — офенями. Но все это было не то, чего мне хотелось. Благодарность и осторожность требовали с моей стороны еще большей и едва ли не самой нужной в настоящую минуту скромности.

Сундук был отнесен нетронутым — обстоятельство, видимо, расположившее старика окончательно в мою пользу. Он велел принести другой сундук с старопечатными, но и отсюда выбрать было положительно нечего: то были старопечатные требники, псалтыри, минеи— вообще книги, более или менее известные. И этот сундук унесен таким, как был. Старик окончательно повеселел и ожил.

— Ну постой же,— говорил он,— коли ты такой до старины падкий, покажу я тебе книжку, какой ты, чай, и не видывал. Принесите-ко, ребятки, берестяночку-то голубушку. Пусть полюбуется: эдакие ведь, все сказывают, на редкость и в наших местах.

Ее-то мне и было надо — книгу, писанную полууставом на бересте, так тонко и удачно содранной и собранной, сшитой по четверкам, что принесенная редкость смотрела решительной книгой. Разница только та, что листы берестяные склеивались между собою, но отдирались один от другого и легко и без всякого ущерба. Писанное разбиралось так же удобно, как и писанное на бумаге, буквы не растекались, а стояли ровно, одна подле другой: иная бумага хуже выделяет буквы, и только один недостаток — береста разодралась от частого употребления в мозолистых руках поморских чтецов по тем местам, где находились в бересте прожилки. Книжка была кое-как, доморощенным способом, переплетена в простые, берестяные же доски и даже болталась подле веревочная петелька вместо закрепки, а на одной доске торчал деревянный гвоздичек для той же цели. Старик весело улыбнулся на мой восторг и впился в меня взором.

— Батюшко еще покойничек выдумал,— говорил он,— жития разные вписывал и другое-прочее, что полюбится да придет ему по нраву, и я от себя писал. Таково-то легко: почесть, что не хуже бумаги. Перо только помягче надо...

— Сколько же, по твоему счету, времени этой книге?

— Да вот мне восьмой десяток на выходе, а я, что ни живу, помню ее, да все такую же. Батюшко-то, надо быть, до рожденья моего писать ее начал. Уж такой был старик книжный да любопытный!.. Царство ему небесное! Такой грамотей, что тебе архиерей иной! Псалтырь всю да евангелия, глаза зажмурив, на память валял! А там эти великопостные службы — нипочем. Смеялись даже, бывало: тебе, говорят, что царю Василию, хоть сам Шемяка глаза-то выколи — любого попа загоняешь, и глаз-де не надо. Во какой был!

— Хороша твоя книжка, старик, очень хороша.

— Любопытна?

— Да так любопытна, что я у тебя и купил бы ее охотно, денег бы не пожалел.

— Книжка-то, вишь, не продажная: отцово наследие. А деньги почто не жалеть? Деньги нужное дело, без них нельзя. Тебе ведь, поди, много еще ездить надо...

— Да уж не пожалел бы!

— По-нашему: береги денежки смолоду — на старости слюбятся, как во вкус войдешь. А ведь тратить их тоже не учиться нам стать — с крылышками ведь они. Я вон и ребятам своим то же кажиной день твержу.

— Уступи, старик, по гроб обяжешь.

— Нет уж, я тебе лучше рыбинки какой ни на есть на дорогу дам, поважнее будет: вишь, у нас места какие, кроме снегу, ста на три верст ничего не найдешь — снежные Палестины!

— Я тебе за рыбу-то деньги заплачу и за книжку тоже...

— Опять-таки, зачем мне твои деньги? Береги их, а у меня свои есть, своих много денег. Чай, и на Слободе об этом говоруны-то тамошние сказывали, что у старика денег много, да скуп, мол, старик: задатков не дает, да и промысла-де старик перестал обряжать, все по одной скупости. На чужой ведь роток не накинешь платок. По мне, мели Емеля — твоя неделя, а меня не убудет, мое при мне и останется. А твоих мне денег и даром не надо — твои деньги не даровые, чай, тоже...

— Я не стою об них, не пожалею.

— Мне с тебя, с заезжего человека, брать деньги — грех, на том свете покоя за это не дадут. Скажут: стяжатель, мытарь и фарисей, кощей семижильный, вот что скажут. Рыбку бог дает даром, бери, сколько сможешь, даром я и делиться ей должон с тем, у кого нет. А почто я с гостя-то стану брать? Гость — посланец божий, милость его за какое твое доброе дело...

— Да ведь рыбу-то ловишь же, хлопочешь, трудишься!

— Чего трудишься-то? Рыбка сама идет... Рыбка для гостей непродажная, ты ведь съешь ее, продавать в чужие руки не станешь. На доброе здоровье она тебе пойдет, и меня добрым словом помянешь. Нет, рыба моя тебе непродажная и книжка тоже непродажная — наследие!.. И на что она тебе?

— Покажу таким, которые в этом толк знают, пользу найдут. У тебя так же заглохнет, и никто ничего не увидит и не узнает. Тебе-то тут пользы уж положительно нет никакой.

— Мне какая польза? Это точно. Да что в ней и смотреть-то будут? Ничего такого в ней запретного нет.

— Да и не надо.

— Так почто просишь ты ее?

— Показать, как доказательство, что захочет русский человек писать — и без бумаги найдет средство, если уж крепко шевелится в нем это желание.

— Так вот вишь, книга-то непродажная. Еще, чего доброго, ты за мной же пришлешь после да в тюрьму либо в какое другое место и посадишь...

— За твое-то одолжение, за твое доброе дело?

— Оно, правда твоя, что не за что. Да вишь, ведь вы, чиновники, народ такой — не в обиду тебе молвить. Это начнешь-то сперва, как бы и ладно мягко расписываешь, а как выжилишь все, так и начнешь гнуть, и жестко покажется... Ты меня извини на глупом моем слове. Люди мы простые, пряники едим неписаные, да и свету-то, почитай, только в свое окошко и видим. Книжка опять-таки, стало быть, выходит непродажная. Ты и не проси по-пустому, не замай меня — лучше мы с тобой по знати, так — миром да согласием... Возьми, сколько желаешь, отступного, а меня ты не засуди, ребята тоже, жена, детки: есть кому старика пожалеть. Взвоют ведь, больно взвоют, ух, как взвоют!..

Старик крутил головой, сыновья вышли из горницы. Мне становилось тяжело и безысходно, слезы подступали к сердцу и... прекращаю, впрочем, описание дальнейшего и скажу в коротких словах, что старик согласился, наконец, уступить мне книгу уже на третий день по моем приезде. Старик уносил книгу с собой, никак не решаясь оставить при мне. Видимо, бывал недоволен, когда я принимался ее рассматривать, брал из рук и сам ее оглядывал. Всякий раз надо было усиленно просить его, чтобы он опять ее принес снизу. Согласился же он отдать после долгих и многих хлопот, и то уже достаточно подстрекнутый сыновьями, из которых одному почему-то особенно хотелось угодить мне.

— Отдай, батюшка, вишь ведь ему больно хочется, что мучишь-то?

— Отдай... отдай! — рассуждал старик. — Ну отдай ты сам! Что меня учишь? Не знаю, что ли?

— Да я бы, брат, давно отдал, кабы моя была! Вишь, он затем и приехал!..

— Почто затем приехал? В гости ко мне приехал. Не надо

говорить так, обижать не надо... Отдай!.. Ну отдай сам. Так ин, вишь, у тебя-то нет, нет у тебя-то, а я, отдай! Что мне отдавать-то?..

— Деньги возьми, старик! Не даром же ведь. Я даром ни за что не возьму!

— Деньги возьми! — ворчал старик. — Сколько же ты дашь?

— Я не оценщик, спроси, сколько тебе самому лучшим покажется. Я торговаться не стану, если только не превысит моих наличных.

— Сколько же у тебя наличных?

— А это мое дело!

— Знаю, что твое дело. Книжке-то, вишь, цены нет, дорога книжка!.. Что с тебя взять?..

Старик долго еще продолжал толковать все в том же роде и высказывался почти теми же словами. Часто накидывался и ворчал на сына, как будто досадуя на его вмешательство, и, наконец, мы с ним порешили.

Четверня оленей, запряженных в те же высокие чунки, давно уже ожидала меня у крыльца. Скуластый, истый монгол, самоед-работник стоял уже наготове с длинным шестом-хореем. Еще несколько других чунок с шестами и оленьими шкурами для походной палатки—чума на безлюдной и неоглядной снежной степи также были готовы. Оставалось садиться и ехать с прежним гиком, похожим, впрочем, более на откашливанья и заменяющим бойкие ямщицкие выкрики дальней России. Ехали прямо, без дороги, через пни и кочки, по звездам и подчас по ветру, заметающему свой след на снежных сугробах. С моей стороны требовалось того только, чтоб крепче держаться за ременные петельки, прикрепленные к чунке, и смотреть, чтобы опять не потянуло совик и малицу к коленям и выше; тогда до чума пришлось бы не согреться и без причины сердиться и на самоедский наряд, без которого нельзя обойтись в тех местах, и на неудобную чунку, на которую нельзя положить ног и расположиться так, как в благодатной кибитке, и, наконец, на полярный холод, и даже, пожалуй, на себя самого.